Peter Fischer

Frankfurts First Lady

Die Petra-Roth-Geschichte

SOCIETÄTS**VERLAG**

Schutzumschlaggestaltung: Jutta Schneider, Frankfurt
Satz und Layout: Tobias Dorn, Societäts-Verlag, Frankfurt
Druck und Verarbeitung: Ebner & Spiegel GmbH, Ulm
Printed in Germany 2005

ISBN: 3-7973-0924-4

Inhaltsverzeichnis

Vorwort

Seit knapp zehn Jahren regiert sie schon Deutschlands angeblich unregierbarste Stadt: Petra Roth ist auf gutem Weg, einen Rekord zu brechen. Vor ihr schaffte es nur der legendäre Walter Kolb (SPD), über zehn Jahre als Chef der Finanz-Metropole Frankfurt am Main, in der mit der Paulskirche die Wiege der Demokratie in Deutschland steht, am Ruder zu bleiben: vom 1. August 1946 bis zum 20. September 1956. Auch nach ihm blieb der Römer über 30 Jahre lang rot! Mit Werner Bockelmann (4.4.57 bis 30.6.64), Willi Brundert (27.8.64 bis 7.5.70), Walter Möller (9.7.70 bis 16.11.71) und „Dynamit"-Rudi Arndt (6.6.72 bis 31.3.77), der einzige echte Frankfurter, letztes Jahr plötzlich gestorben und schon zu Lebzeiten Legende.

1977 schaffte Walter Wallmann die Wende: Der Niedersachse aus Uelzen in der Lüneburger Heide wurde erster schwarzer Oberbürgermeister der traditionsreichen Stadt, die 1949 um ein Haar fast Bundeshauptstadt geworden wäre. Der Kölner Ex-OB Konrad Adenauer brachte jedoch sein ganzes politisches Gewicht fürs rheinische Bonn auf die Waage. Die Provinz-Stadt vor den Toren Kölns galt als vom dunkelsten Kapitel deutscher Geschichte weitgehend unbelastet und wurde als Provisorium nach der deutschen Einheit erst am Ende des letzten Jahrhunderts von der alten Hauptstadt Berlin abgelöst.

Wallmann blieb bis 1986 Frankfurter OB – der (bislang) erfolgreichste nach dem Krieg, weil er immer mit klaren Mehrheiten in der Stadtverordneten-Versammlung regieren und seine Ziele durchsetzen konnte. Und er musste den Sessel nur räumen, weil die Partei von ihm verlangte, auch im bis dahin roten Hessen die Wende zu schaffen und als Ministerpräsident nach Wiesbaden zu wechseln.

Seine Nachfolger blieben Episode. Wallmanns Nachrücker Wolfram Brück (bis 22. 5. 89) waren die Schuhe zu groß – er verlor sang- und klanglos, als er sich zur Wiederwahl stellen musste. Mit Volker Hauff (15. 6. 89 bis 11. 3. 91), dem ehemaligen Bundesverkehrsminister unter Helmut Schmidt, hofften die Sozialdemokraten wieder an ihre Tradition anzuknüpfen. Doch er scheiterte am internen Streit der rot-grünen Koalitionäre genau so wie Andreas von Schoeler (8. 5. 91 bis 19. 4. 95), der bei der ersten Direktwahl eines Oberbürgermeisters in Frankfurt sensationell seiner schwarzen Herausforderin Petra Roth unterlag.

Seit dem 6. Juli 1995 umschifft die blonde Bremerin alle Untiefen und Handlungs-Hemmnisse eines vielstimmigen Magistrats und hat gute Chancen, auch nach 2006 noch an der Spitze der Main-Metropole zu stehen und ihre Vision eines Stadtkreises Frankfurt am Main mit 1,3 Millionen Einwohnern zu realisieren. Mit geballter Wirtschaftskraft, um mit Amsterdam und dem Elsaß gleichzuziehen und sogar Boom-Town London das Fürchten zu lehren.

Frankfurt, im Mai 2005 — Peter Fischer

Eine Frau zähmt Deutschlands wildeste Stadt

In der Ebbelwei-Schänke am Römerberg stellten die Kellnerinnen bereits die Stühle auf den Tisch. Die kleine Gruppe Gäste am Tresen war von der Wirtin nur noch murrend eingelassen worden, obwohl sie die attraktive blonde Frau, die mit ihrer Begleitung gerade noch auf einen Absacker ins Wirtshaus gekommen war, eigentlich kennen musste. Petra Roth war in diesen Tagen vor dem 22. Juni 1995 die am meisten fotografierte Frau Frankfurts. Keine hessische Zeitung, die nicht täglich über den engagierten Kampf der CDU-Hoffnungsträgerin um die Macht im Römer berichtet hätte.

Doch an diesem Abend im deprimierend leeren Lokal war die sonst so zuversichtliche Kandidatin den Tränen nahe. Sie war das erste und einzige Mal in ihrem Wahlkampf im direkten Vergleich auf den Titelverteidiger getroffen. Und Andreas von Schoeler war im Duell auf einem Maindampfer vor über 300 Frankfurter Bürgern klarer Punktsieger geworden. Der SPD-Star hatte die Geradlinigkeit seiner Gegnerin gnadenlos ausgenutzt, ihr Zahlen und Fakten vorgehalten, auf die sie nicht vorbereitet war, und ätzend gespottet: „Ja, Frau Roth, Sie sollten sich erst mal informieren oder von ihren Leuten informieren lassen, bevor Sie hier unhaltbare Vorwürfe in den Raum stellen."

Sie konnte an diesem Abend nicht gegenhalten, hatte trotz ihrer langjährigen Erfahrung als Landes- und Kommunalpolitikerin noch nicht verinnerlicht, dass Politiker es gerade im Wahlkampf mit der Wahrheit nicht so genau nehmen, um den Gegner – und sei er auch noch so hübsch – uralt aussehen zu lassen. An jenem Abend auf dem Maindampfer schien Petra

Roth das erste Mal die Überzeugung zu verlassen, gegen den eleganten OB-Darsteller von Schoeler bestehen zu können, obwohl der Deutschlands gefährlichste Stadt in eine finanzielle Sackgase manövriert hatte.

14 Tage später war die damals 51-Jährige neue Oberbürgermeisterin der Banken-Metropole, und die Frankfurter CDU feierte ihre vermeintliche Verlegenheitskandidatin siegestrunken im historischen „Steinernen Haus" in Steinwurfweite des ehrwürdigen Rathauses „Römer". Sie hatte in einem unvergleichlichen Straßenwahlkampf das Ruder für sich herumgerissen und gleich im ersten Wahlgang den Favoriten gestürzt. BILD und die bürgerlichen Zeitungen F.A.Z. und Frankfurter Neue Presse verkündeten triumphierend das Ende des „rotgrünen Chaos am Main", die linksliberale Frankfurter Rundschau sah dagegen noch schlimmere Zeiten auf die Stadt zukommen. Zu Unrecht, wie sich bald herausstellen sollte.

Eine Frau war angetreten, Deutschlands gefährlichste Stadt zu zähmen. Und sie tat das mit großer Kreativität, die ihre in Bonn regierenden Parteifreunde um Kanzler Helmut Kohl anfangs nicht immer zu Begeisterungsstürmen hinriss. Sie hatte keine Berührungsängste mit den Menschen in Deutschlands berüchtigtstem Rotlichtviertel, in der Drogenpolitik ging die neue Frankfurter Oberbürgermeisterin Petra Roth weiter als ihr Vorgänger.

*

Dabei hatte der Bremer Kaufmannstochter sicherlich niemand an der Wiege gesungen, dass sie in der deutschen Geld-Hauptstadt zielstrebig in eine absolute Männer-Domäne einbrechen würde. Als Petra Martin am 9. Mai 1944 in der Hansestadt geboren, war die gelernte Arzthelferin mit 20 Jahren der Liebe wegen nach Frankfurt gekommen. Frisch verheiratet mit einem 11 Jahre älteren Mann, einem Corpsbruder ihres Vaters.

Petras Vater, Heiko Martin, war Berufsoffizier im Standort Delmenhorst bei Bremen, Mutter Hannelore Tochter des äußerst wohlhabenden Bremer Wollkaufmanns Gottfried Rüppel, der sein Glück in England gemacht hatte und 1920 „Am Stern" eins der schönsten Bremer Häuser kaufte.

Neben Tee, Kaffee, Holz, Baumwolle und Schiffbau war Wolle eine der sechs Säulen, auf denen die bremische Wirtschaft ruhte.

Nach dem Krieg mussten die Martins ihr schönes Heim in Delmenhorst für die britischen Besatzer räumen. Vater Heiko war zu dieser Zeit noch in französischer Gefangenschaft, kam aber noch im Jahre 1945 wieder frei, weil die Franzosen die gefangenen Offiziere nicht über den Winter versorgen wollten. Die kleine Familie baute nach der Heimkehr des Vaters in der Bremer Innenstadt Am Dobben ein von Bomben zerstörtes Haus wieder als Wohnhaus mit zwei Wohnungen auf. Gemeinsam mit dem Fotografen Rolf Hanet. Dem gehörte zwar das Grundstück, aber die unschätzbaren Beziehungen, notwendige Baumaterialien gegen Anzug- oder Kleiderstoffe zu tauschen, hatten natürlich die Martins.

Villa „Am Stern" in Bremen

Großmutter Anna Rüppel hatte 1944 ihre hochherrschaftliche Villa mit Zinnen und Türmchen und einer breiten Freitreppe an die Stadt Bremen verkauft. Das prächtige Haus beherbergt inzwischen Dienststellen des Bremer Landgerichts und steht unter Denkmalschutz. Die Kaufmannswitwe selbst hatte eine große Villenetage in der Bremer Innenstadt bezogen. „Wir waren immer Großstädter, sehr hanseatisch und von Vaters Seite her auch sehr preußisch“, erinnert sich die Frankfurter Stadt-Chefin, die oft bei ihrer „Omi“ zum Spielen war.

Soziale Wirklichkeit Großstadt

In einer Großstadt aufzuwachsen und zu leben, das bedeutete nicht nur eine gewisse Weltläufigkeit gewissermaßen mit der Muttermilch aufzunehmen, sondern auch ständige geistige Anregung: durch Bibliotheken, Theater, Galerien, Dichterlesungen, Opern, Konzerte und Vorträge. Ein vielfältiges Angebot zur Weiterbildung, das man weder durchs inzwischen überall verfügbare Fernsehen und schon gar nicht auf dem Lande oder in Kleinstädten wie Osterholz-Scharmbeck oder Achim hatte. Die Großstadt ist bei aller Kritik die dominierende soziale Wirklichkeit. Sie war auch vor 50 oder 60 Jahren schon ein Ort des ständig wachsenden Verkehrs, des Betriebs, manchmal auch des Chaos, aber immer auch der Umbrüche und spürbaren Veränderungen in der Gesellschaft.

Genau diesen Umstand hält ihr Vorbild, Alt-OB Walter Wallmann, für eminent wichtig: „Petra Roth ist Großstädterin. Deshalb hat sie oft vor anderen die Veränderungen unserer Zeit begriffen. Sie führt die deutsche Stadt mit den meisten Ethnien und lebt Toleranz selbst vor. Deswegen übersieht sie nicht die damit auch verbundenen Probleme. Aber sie weiß, dass etwa die Europäische Union mit ihrer Freizügigkeit uns vor neue Herausforderungen stellt, dass Patriotismus jeden engstirnigen Nationalismus überwinden muss, ohne dass wir unsere Bindungen an unser Volk verlieren dürfen. Solche Einsichten gehören notwendigerweise zu den Vorstellungen von einer vitalen und modernen Großstadt."

Als sie antrat, das Frankfurter Rathaus von Rot-Grün zurückzuerobern, untermauerte sie mit ihrer Einschätzung genau diese These. „Die Bürger unserer Großstädte fühlen sich zunehmend unbehaust", erklärte die Kandidatin im Dezember 1992 in Anlehnung an Mitscherlichs Begriff von der „Unwirtlichkeit" unserer Städte. „Sie fühlen sich entfremdet und verstehen die Komplexität unserer Welt nicht mehr. Wenn wir dem Trend weg von der Solidargesellschaft zur Individualisierung folgen, geben wir die Stadt auf."

Sie machte Rot-Grün den Vorwurf, kein Konzept für eine Metropole wie Frankfurt zu haben, und nahm sich vor, das erfolgreiche Programm ihres Mentors Walter Wallmann fortzusetzen. Dazu gehört auch die weitere Verbesserung der architektonischen Selbstdarstellung der Stadt. Wallmann hatte neben dem Wiederaufbau der Alten Oper den detailgetreuen Nachbau der Römerzeile gegenüber dem Rathaus vorangetrieben, war wegen der Restaurierung vieler vergessener und verfallener Brunnen auch schon mal als „Brunnenkönig" bespöttelt worden – vor allem wenn er sich alljährlich beim Sachsenhäuser Brunnenfest von dessen Symbolfigur „Fraa Rauscher" herzen und küssen lassen musste. Für Wallmann wie Roth gilt die Maxime, das Heimatgefühl, aber auch das subjektive Sicherheitsbedürfnis der Bürger ständig zu verbessern, um die Identifizierung der Bewohner mit ihrer Stadt zu erleichtern. Dazu gehört natürlich ebenso die Bekämpfung der Kriminalität – durch stärkere Präsenz von Polizisten auf den Straßen.

Zwar hat Frankfurt unter der ersten Oberbürgermeisterin seiner Geschichte den zweifelhaften Ruf, Hauptstadt des Verbrechens in Deutschland zu sein, an Berlin und Hamburg weitergereicht. Aber selbst vor der ersten Bürgerin machten international operierende Ganoven nicht halt. Einfallstor ist der mit Abstand größte Flughafen Deutschlands. Im November 2004 klauten Autoknacker den sündhaft teuren, gepanzerten Mercedes 600 aus der Garage ihres Fahrers. Die Diebe hatten allerdings nicht das eingebaute GPS (Global Positioning System) entdeckt, mit dessen Hilfe der Wagen schon am nächsten Tag in einem Frankfurter Parkhaus geortet werden konnte – neben einer ganzen Reihe weiterer gestohlener Luxus-Schlitten, die dort zum Abtransport nach Osteuropa und in den Nahen Osten gesammelt worden waren.

Unangenehmer für die Oberbürgermeisterin wurde allerdings die öffentliche Diskussion darüber, ob es angemessen sei, dass ihr Dienstauto teurer ist als das des Kanzlers. 4000 Euro Leasingrate im Monat kostet das schusssichere Gefährt. Doch die Sicherheitsbehörden bestanden darauf, denn es sei durchaus denkbar, dass ein Oberbürgermeister in Frankfurt gefährdeter sein könne als der Bundeskanzler in Berlin. Das leuchtet vielleicht nicht jedem Bürger gleich ein, der seinen Gürtel von Jahr zu Jahr enger schnallen muss. Vor allem wenn man zum Beispiel erlebt hat, wie Petra Roth gänzlich ohne Polizeischutz auf dem Weg zum CDU-Bundes-Parteitag in der Alten Oper über den Opernplatz spazierte. Deshalb galt ihre erste Sorge nach dem aufgeklärten Bandendiebstahl denn auch der Frage, ob die Diskussion ums teuere Auto möglicherweise ihrem Image geschadet haben könnte. Trennen kann sie sich von der sicheren Limousine allerdings nicht, auch weil Mercedes kein preiswerteres Panzer-Modell im Programm hat.

Jagd auf Dreckspatzen

Auf jeden Fall gut fürs Image ist es dagegen, sich nicht nur für mehr Sicherheit, sondern auch für mehr Sauberkeit in der Stadt einzusetzen. Mit dem Motto „Müll macht schlechte Laune" hat die OB 2003 ihren Vier-Parteien-Magistrat nach langwieriger Überzeugungsarbeit fast geschlossen zu ihrer Auffassung bekehren können, dass zur Sicherheit auch ein möglichst blank geputztes Stadtbild gehört. „Wer seinen Mitbürgern den Dreck vor die Füße wirft, den bitten wir zur Kasse. Ohne Pardon." Zusätzlich eingestellte Ordnungshüter, die von den Bußgeldeinnahmen bezahlt werden, machen Jagd auf Dreckspatzen. Wie im Vorbild Singapur gibt es einen Reinemache-Tarif. Auf einem knallroten Kärtchen, etwa so groß wie eine Chipkarte, können die Sünder ablesen, was sie ihre Verfehlung oder Unachtsamkeit kosten kann: Zigaretten-Kippe wegwerfen 20 €, Auto-Aschenbecher ausleeren 35 €, Bananenschale wegwerfen 20 €, Hundehaufen 75 €, Kaugummi 35 €, wilder Sperrmüll ab 130 €, Papiertaschentuch 20 €, Dose 20 €, Einwickelpapier oder Pommestüte 20 €, Essensreste sogar 35 €.

Die drakonischen Maßnahmen zeigen Wirkung. Anders als in Berlin oder Hamburg muss man inzwischen auf Frankfurter Fußwegen nicht ständig die Augen auf den Boden richten, um den Tritt in die unangenehme Hinterlassenschaft unerzogener Haustiere zu vermeiden. Aber auch die Graffiti-Schmierereien an Häusern, Brücken und Nahverkehrszügen sind rückläufig. Roth erklärt: „Das sind für uns längst keine Lausbubenstreiche mehr. Züge von S- und U-Bahnen werden von Banden regelrecht überfallen und gestoppt. Während einige der Täter auf dem Dach liegend mit den Sprühdosen die Fenster voll schmieren, halten die anderen Fahrer und Fahrgäste so lange in Schach."

Und seitdem die Stadt auch Hausbesitzern anbietet, die unerwünschten „Kunstwerke“ an Wänden und Türen gleich nach der Tat zu beseitigen, scheint immer mehr Schmierfinken die Lust vergangen zu sein. Roth: „Wir geben viel Geld dafür aus. Aber das ist gut angelegt, weil die Täter frustriert sind, wenn ihre ‚Werke‘ sofort wieder abgewaschen werden.“

Der erste Schultag im Jahr 1951

Statt Puppen: Autos und Lederhose

An solch negative Auswüchse der Wohlstandsgesellschaft in deutschen Städten hatten die Menschen in den ersten Jahren nach dem Ende des Zweiten Weltkrieges nicht einmal in Alpträumen gedacht. Aufräumen und Wiederaufbauen trieb die meisten Deutschen um. Allen voran die viel zitierten Trümmerfrauen, die den durch den verlorenen Krieg traumatisierten Männern zeigten, wie man anpacken musste. Petras Vater war gezwungen, sich nach seiner Rückkehr aus der Gefangenschaft auf ein völlig neues Leben in der Großstadt Bremen einzustellen. Berufsoffiziere wurden nicht mehr gebraucht. Im zerstörten Deutschland war das für viele Heimkehrer eine schier unlösbare Aufgabe. Doch der ehemalige Major Heiko Martin hatte günstigere Voraussetzungen als die meisten Leidensgenossen: Er absolvierte im Schnelldurchgang eine private kaufmännische Ausbildung bei einem ehemaligen Handelsschullehrer, der wegen seiner Nazi-Vergangenheit noch nicht wieder an einer staatlichen Schule unterrichten durfte, lernte alle verschiedenen Provenienzen von Wollstoffen zu unterscheiden und trat als Teilhaber ins Unternehmen der Schwiegereltern ein, das schon bald nach dem Zusammenbruch 1945 wieder gute Geschäfte machte. Dieser Start wurde ihm durch den Erbschaftsvertrag der Familie Rüppel garantiert, der den potenziellen Ehemann von Tochter Hannelore in weiser Voraussicht einbezog.

Petra durfte mit vier Jahren in den nahen Kindergarten. Das war nicht selbstverständlich. Denn die Betreuung kostete damals ziemlich viel Geld. Die Vermutung, dass Puppen nicht zu ihrem Lieblingsspielzeug gehörten, wird von der Oberbürgermeisterin mit fröhlichem Lachen bestätigt: „Ein Großonkel aus Amerika hatte mir so eine Gummipuppe geschenkt, aber die blieb eher unbeachtet. Ich hatte zuerst ein Auto, das mit einem Feuerstein Funken schlug. Später spielte ich vor allem mit kleinen Wiking-Modell-Autos aus Plastik. 75 Pfennige kostete das Stück, ein Mercedes immerhin schon eine Mark. Aber ich hatte auch großen Spaß daran, mit Stabilbaukästen kühne Metall-Konstruktionen zu entwickeln. Außerdem spielte ich am Haus meiner heiß geliebten Omi auf der Straße."

Petra Roth mit ihrer Oma

Ihre Erinnerungen an Omi Änne, wie Anna Rüppel von Freunden und Familie genannt wurde, sind voller tief empfundener Zuneigung. Fast jeden Freitag durfte sie bei der Großmutter, einer Respekt einflößenden Frau mit dunklen, streng zurückgekämmten Haaren, auch essen. „Bei uns zu Hause gab es nach alter Bremer Sitte freitags immer Fisch. Aber ich mochte damals keinen Fisch. Omi machte ganz wunderbare Frikadellen mit vielen Zwiebeln. Nach hessischer Art, denn sie stammte aus Kassel. Und dann erzählte sie spannende Geschichten aus ihrer Jugend. Denn einen Fernseher hatten wir damals noch nicht. Ich lernte viel daraus über das bürgerliche Leben um die Jahrhundertwende, als die Straßenlaternen

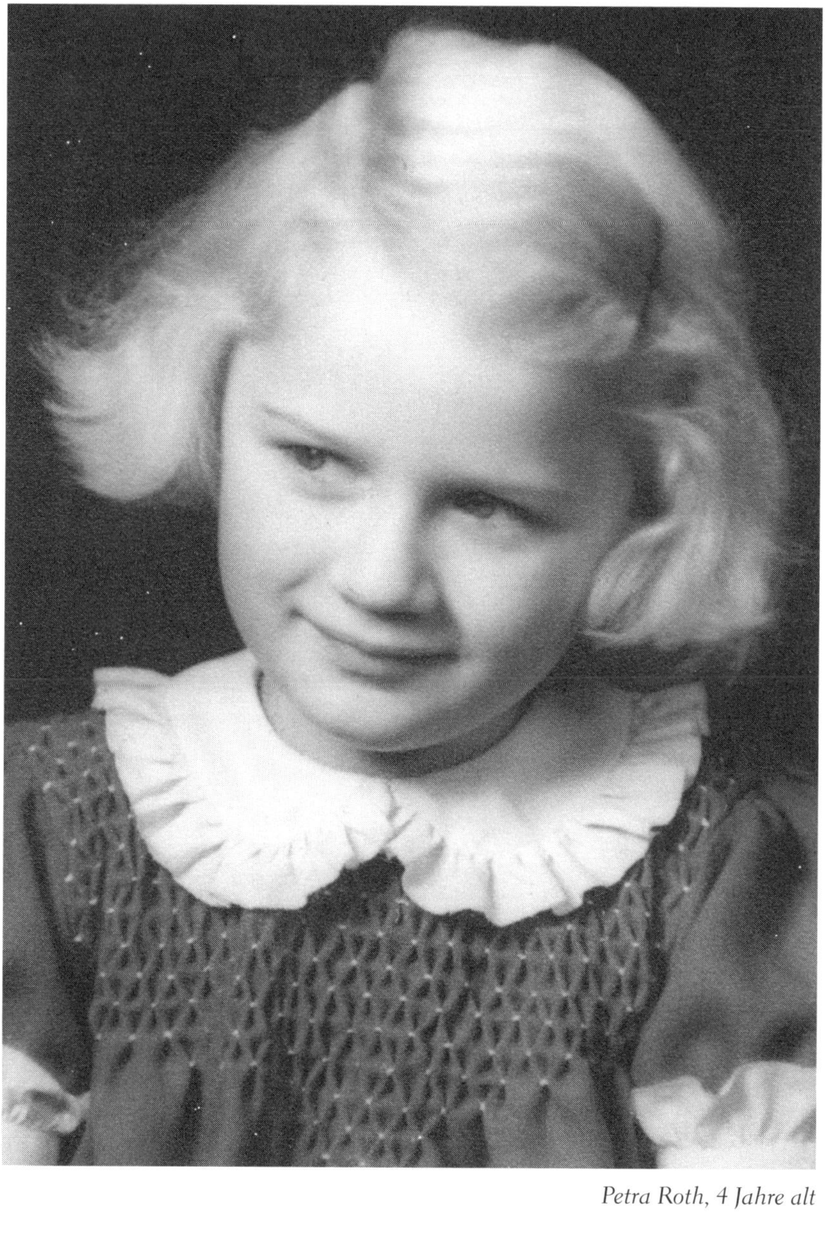

Petra Roth, 4 Jahre alt

noch mit Gas betrieben wurden und jeden Abend der Laternen-Anzünder durch die Straßen ging."

Ihre Eltern fanden es auch durchaus angenehm, dass ihre Tochter so gut mit der Oma konnte und gern bei ihr war. So blieb ihnen mehr Zeit, auch mal allein etwas zu unternehmen. „Wir sind viel herumgefahren mit unserem ersten Auto", erzählt Hannelore Martin. „Ich glaube, es war ein grüner VW." Und wenn sich die Mutter wunderte, was ihre kleine Tochter alles wusste, wurde sie schnell belehrt: „Das hat Omi erzählt."

Urlaub an der Adria

Den Sonntagnachmittag verbrachte die Familie fast immer zusammen. Da musste Petra von der Mittagsvorstellung im Kino spätestens um halb vier zurück sein – zum gemeinsamen Kaffeetrinken. Für die kleine Tochter gab's natürlich heiße Schokolade zum Kuchen. Erst danach durfte sie wieder raus. Hinkepinke spielten die Kinder damals auf der Straße – und mit Marmeln. Darin war Petra, die ihre hellblonden Haare und blauen Augen von Vater Heiko geerbt hat, ein Ass. Schon vor über 50 Jahren zeigte sie offenbar Führungsstärke. „Ich war Marmelkönigin", sagt sie mit verklärtem Lächeln.

Petra Roth mit ihrer Mutter

Sie war auch, wie sich Mutter Hannelore nicht ohne Stolz erinnert, auf der Eisbahn des Bremer Stadtgrabens der Schrecken der großen Jungs. „Sie war so schnell und sicher auf den Schlittschuhkufen, dass sie den Jungs in die Hacken fuhr und sie aufs Eis schubste." Schon als Zweijährige hatte Petra von ihrer Mutter den Rat bekommen, nicht zu heulen, sondern sich zu wehren, wenn die Jungs ihr ans Leder wollten. „Ich habe dann gesagt: „Hau einfach zurück. Und sie hat das beherzigt."

Einmal kam sie gerade noch rechtzeitig dazu, den um Hilfe rufenden Enkel ihres Nachbarn Rolf Hanet vor ihrer Tochter zu retten. „Sie war drauf und dran, dem ungefähr gleichaltrigen Jungen mit scharfem Senf die Augen zuzukleistern." Ohne Zweifel hat der gute Rat ihrer Mutter, sich nichts gefallen zu lassen, die Haltung der Frankfurter Oberbürgermeisterin bis in die Gegenwart geprägt.

Meistens spielte sie mit Jungen. Cowboy und Indianer. „Meine letzte Lederhose bekam ich mit 10, als mein Bruder Markus gerade geboren worden war." Später nehmen ihre Eltern sie mit in ihren Tennis-Club „Zur

Petra Roth und ihr Bruder Markus

Vahr". Bei Touren mit dem Bremer Ski-Club lernte sie zunächst im Harz, später in Österreich so sicher auf den Brettern zu stehen, dass ihr die Hänge bald gar nicht steil genug sein konnten. „Sie war immer sehr mutig", erinnert sich ihre Mutter, „und sehr sportlich."

Dafür kam das Musische ein bisschen zu kurz. Sie hatte wenig Neigung, ein Musikinstrument zu spielen oder außerhalb des Schulunterrichts zu malen. „Aber gelesen hat sie viel", sagt ihre Mutter. „Schon als Kind. Ihr Kinderzimmer war voller Kinderbücher, später allerdings auch Comics. Und sie hörte gern Musik. Wohl das, was damals in Mode war."

Eine Untugend aus der Jugend hat sie gründlich abgelegt. Sie war als Teenager unglaublich unordentlich. „Wenn wir unsere Zimmer aufräumen mussten", erinnert sich der „kleine Bruder" Markus, „hat sie alle Sachen immer in die Schränke gefeuert und gesagt: ‚Hauptsache man sieht nichts mehr herumliegen.' Und wenn sie fettige Finger hatte, hat sie die auch schon mal an der Gardine abgewischt." Auch die Haushilfen, die im Hause Martin beschäftigt waren, hatten offenbar mit dieser Unsitte des kleinen Blondschopfs ihre Last.

Sonst lässt Markus nichts auf die große Schwester kommen: „Wir haben ein sehr enges, fabelhaftes Verhältnis, auch mit unseren Kindern, und feiern fast jedes Weihnachtsfest gemeinsam. Zuletzt 2004 in Frankfurt, in Petras neuem Haus. Ich habe mich immer ein bisschen bemuttert gefühlt, und ich habe das genossen. Petra hat mir den ersten Flug meines Lebens von Bremen nach Frankfurt spendiert, sie hat mich mit zu ihren Freundinnen genommen. Ich fand das als kleiner Bub mit acht oder neun Jahren wahnsinnig spannend mit den schon fast erwachsenen Mädchen."

Drei davon, die Schwestern Rita, Ilse und Margret, sind immer noch ganz eng mit der Oberbürgermeisterin befreundet. Trotz der räumlichen Entfernung zwischen Bremen und Frankfurt. Besonders mit Rita Behrens, mit der sie bis zum 10. Schuljahr in einer Klasse war, telefoniert Petra Roth oft. Sie besuchen sich auch regelmäßig gegenseitig zu ihren Geburtstagen – wie im August 2004, als Rita ihren 60. in Bremen gefeiert hat. Da wurden natürlich

Erinnerungen wach. Zum Beispiel daran, als Petra auf dem Weg zur Tanzschule keine Strumpfhosen oder Strapse, sondern die ersten Nylon-Strümpfe mit Gummizug trug. Leider falsch herum – sodass ihr die Dinger in der Straßenbahn dauernd herunterrutschten. Oder an Ritas 18. Geburtstag, den die Freundinnen auf der ostfriesischen Nordseeinsel Juist gefeiert hatten. Rita: „Es war zwar August, aber ziemlich kalt. Wir feierten am Strand, in Badeanzügen. Aber gefroren hat keine, weil wir eine große Buddel Doornkaat geleert haben."

Rita Behrens (2. v. l.) und ihre Schwestern Ilse und Margot mit Petra Roth (rechts)

Rita hat auch noch kleine Episoden aus der gemeinsamen Schulzeit im Gedächtnis, die genau ins Persönlichkeitsbild ihrer inzwischen berühmten Freundin passen. „Es war in der achten oder neunten Klasse. Petra trug einen weißen Faltenrock aus Trevira und einen schicken blauen Pulli aus Wolle. Eigentlich durfte sie nur Wolle tragen, weil ihr Vater schließlich damit handelte. Unsere ziemlich strenge und nicht immer angenehme Mathe-Lehrerin hatte wohl was an Petras Aufzug auszusetzen und machte eine irgendwie abfällige Bemerkung, an die ich mich nicht mehr genau

Ritas 18. Geburtstag auf Juist

erinnern kann. Dafür aber an Petras schlagfertige Antwort: ‚Man muss es nur zu tragen wissen.' Da war die Lehrerin sofort still.

Übrigens schwärmten wir damals mit unseren 15 oder 16 Jahren alle für Clark Gable. Ich weiß nicht mehr, wie oft Petra und ich den Film ‚Vom Winde verweht' gesehen haben. Und dann die Sensation: Auf einer Faschingsparty erschien Petra im Rhett-Butler-Kostüm. Wir haben alle Tanz- und Knutschszenen aus dem Film immer wieder nachgestellt und einen Riesenspaß dabei gehabt. Genau wie bei den Kopftuch-Partys. Keine Ahnung, wie wir ausgerechnet auf die Idee gekommen waren, eine Zeit lang bei unseren Feten als Putzfrauen verkleidet aufzutreten."

Bei Petras erster Autofahrt nach der Führerscheinprüfung mit Vaters Ford war natürlich Bruder Markus auf dem Beifahrersitz dabei: „Da hat sie die Einfahrt ins Grundstück nicht richtig erwischt, hat einen Pfeiler gestreift,

Mit Freunden auf Juist

aber nicht etwa angehalten, sondern ist weiter daran längsgeschrammt. Das Auto sah böse aus." Ob der Vater auch böse war, daran kann sich keiner mehr so recht erinnern. Sicherlich aber nicht lange. Heiko Martin pflegte ein sehr liebevolles Verhältnis zu beiden Kindern. Mutter Hannelore schwärmt: „Er hat sich trotz seines anstrengenden Berufes immer sehr viel Zeit für beide genommen. Auch als sie noch ganz klein waren. Er hat ihnen

Petra und Schulfreundinnen am 16. Geburtstag

das Fläschchen gegeben und sie gewickelt. Das haben zu der Zeit die wenigsten Väter gemacht. Und später hat er sich um die Schularbeiten gekümmert, ist mit ihnen gewandert oder zum Tennis-Spielen gegangen." 1987 ist Heiko Martin gestorben. An Leberkrebs. „Dreieinhalb Monate war er im Krankenhaus", sagt seine Witwe leise. „Am schlimmsten war für ihn, dass er, der immer so stark war, sich so unendlich schwach gefühlt hat."

Abschied von der Lederhose

So um 1955 oder 56 hatte die Familie beschlossen, dass aus dem Wildfang Petra doch irgendwann ein richtiges Mädchen werden musste. Sie wurde nach der Grundschule, damals durch die Schulreform nach der sechsten Klasse, ins Kippenberg-Gymnasium eingeschult – eine reine Mädchenschule. „Ein Mädchen bin ich dann ja auch wirklich gewor-

Gruppenbild etwa 1960 mit Freundinnen in Bremen

Petra Roth bei ihrer Konfirmation

den, Lederhosen waren ab sofort tabu", lacht die Oberbürgermeisterin in ihrem rund 70 Quadratmeter großen Dienstzimmer im ehrwürdigen Frankfurter Rathaus Römer.

Gerade hat sie das Porträt eines berühmten Vorgängers enthüllt, der kurz nach ihrem 60. Geburtstag, bei dem er noch einer der Ehrengäste war, überraschend gestorben war: Rudi Arndt, SPD-Urgestein, schon zu Lebzeiten Legende mit dem Spitznamen „Dynamit-Rudi". Den hatte er bekommen, als er bei der Diskussion um die Kosten für den Wiederaufbau der Alten Oper laut, aber ein wenig unernst geseufzt hatte: „Am besten sprengen wir den Trümmerhaufen in die Luft."

Noch wenige Wochen vor seinem Tod hatte Rudi Arndt in einem launigen Aufsatz zum 60. Geburtstag der Oberbürgermeisterin bedauert, dass er es möglicherweise in der Hand gehabt hätte, Petra Roth für die SPD zu gewinnen: „Ich traf sie 1967 auf einer Faschingsparty im Hessischen Rundfunk. Tolle Stimmung. Nur eine hübsche blonde junge Frau saß ziemlich betrübt am Fuß einer Treppe. Normalerweise hätte ich ja sofort den Tröster gespielt, aber ich hatte gerade geheiratet und war deshalb gehemmt. Ein schlimmer politischer Fehler!

Es war Petra Roth. Wie wäre das gelaufen, wenn ich mich um die damals noch parteilose Petra mit dem mir eigenen Charme und meiner politischen Überzeugungskraft gekümmert hätte? Sie ist ja erst später wegen der auch von mir kritisierten hessischen Schulpolitik in die CDU eingetreten.

Sei es, wie es sei. Lieber eine CDU-Oberbürgermeisterin mit Linksdrall als einen Rechtsaußen spielenden Wadenbeißer, der das liberale Frankfurt nicht begreift. Schwarz ist sie nun wirklich nicht. Und es gibt gar keinen Zweifel, dass Frau Roth in ihrer charmanten, sympathischen Art ein ausgezeichneter Botschafter Frankfurts ist."

Geburtstag mit Kohl und über 2000 Gästen

Arndts CDU-Nachfolger Walter Wallmann schaffte es, die Alte Oper doch noch vor dem endgültigen Abbruch zu retten. Mit Hilfe von Sponsoren und dem großen Engagement Frankfurter Bürger wurde aus der Ruine, von der nur noch Teile der Fassade erhalten waren, ein Konzert- und Veranstaltungshaus mit modernster Technik – das eigentliche, viel besuchte Zentrum Frankfurts zwischen den Büro-Giganten im Bankenviertel. Am 28. August 1981 wurde die Alte Oper Frankfurt vom Opernhaus- und Museumsorchester mit der 8. Sinfonie von Gustav Mahler unter der Leitung von Michael Gielen wieder eröffnet. Auch der damalige Bundespräsident Karl Carstens war zum großen Festakt gekommen.

Petra Roth gehörte ebenfalls bereits zu den geladenen Gästen. Ob sie in diesem Sommer 1981 geahnt hat, dass sie in nicht allzu ferner Zukunft einmal in die großen Schuhe des bis dahin erfolgreichsten Frankfurter Oberbürgermeisters nach dem Krieg schlüpfen würde? Bestimmt hat sie damals aber nicht einmal im Traum daran gedacht, dass ihr in diesem prächtigen Bau 23 Jahre später, am Abend des 9. Mai 2004, zu ihrem 60. Geburtstag auch musikalisch zugejubelt würde. Natürlich nicht mit einem gewöhnlichen Ständchen nach dem Motto: „Hoch soll sie leben, unsere schöne Oberbürgermeisterin." Selbstredend durfte eine so erfolgreiche Persönlichkeit wie Frankfurts Stadtoberhaupt etwas ganz Ausgefallenes erwarten: eine Messe nämlich, eine kleine zwar, die ‚Petite messe solennelle' von Gioacchino Rossini, aber eine ganz besondere, die der Opernkomponist 1863 als „Alterssünde" geschrieben hat. Eins seiner Gelegenheitswerke, die er eigens für Gesellschaftsabende komponiert hatte, die er regelmäßig für gute Freunde in seiner Villa am Stadtrand von Paris veranstaltete. Eine Alterssünde also zum 60. Geburtstag einer Frau, die immer noch so fabelhaft aussieht, als sei die lange, anstrengende politische Arbeit eher spurlos an ihr vorübergegangen.

So oder ähnlich müssen es sich die drei Organisatoren dieses Festkonzertes bei der Planung überlegt haben: Karl Rarichs, Programmchef der Museumsgesellschaft, Michael Hocks, Intendant der Alten Oper, und Paolo Carignani, Generalmusikdirektor der Stadt Frankfurt am Main. Dass diese drei Herren, wie fast alle männlichen Einwohner der Main-Metropole und darüber hinaus, dem Charme der ersten Dame im Römer verfallen sind, davon darf man ausgehen. Deshalb hat Carignani das ganze Museumsorchester aufgeboten, und Rarichs verpflichtete die besten Chöre der Stadt: den Cäcilienchor, den Figuralchor, die Frankfurter Kantorei und die Frankfurter Singakademie. Michael Hocks, früher schon als Manager der Höchster Jahrhunderthalle erfolgreich, sorgte für den gebührenden Rahmen: den Großen Saal in der Alten Oper.

Eingeladen war die ganze Stadt. Die Bürger mussten sich nur beeilen, eine der rund 1400 Karten zwischen 15 und 45 Euro zu kaufen. Das Geld war nicht etwa als Geschenk für die Jubilarin, auch nicht als Gage für die Musiker gedacht – die gesamte Einnahme wurde ohne Abzüge ans Kinderhilfswerk von UNICEF weitergeleitet – für Not leidende Kinder in Angola, Ägypten und Vietnam kamen so über 90 000 Euro zusammen. Der Erlös aus dem Konzert wurde mit einer großzügigen Spende der Postbank aufgestockt. „Das war mein schönstes Geburtstagsgeschenk“, freute sich Petra Roth. „Während ich zusammen mit den vielen anderen Gästen das einmalige Konzert genießen durfte, war mir die ganze Zeit bewusst, dass mit den Eintrittsgeldern, die unsere Frankfurter Bürger gern bezahlt haben, vielen tausend Kindern in Not geholfen werden kann. Es war in jeder Hinsicht sehr bewegend.“

Ein schöner Erfolg, freute sich auch Professor Felix Semmelroth, persönlicher Referent der Frankfurter Oberbürgermeisterin. Denn 2004 war die Stadt der deutsche Städtepartner von UNICEF und hatte sich vorgenommen, einen Euro je Einwohner, also insgesamt etwa 650 000 Euro für die

Hilfsorganisation zu sammeln. Ein ehrgeiziges Vorhaben, das die Frankfurter sogar übererfüllten.

Zum anschließenden Empfang musste die Gästeschar dann allerdings handverlesen werden. Mehr als 200 finden im Opern-Restaurant nämlich keinen Platz. Ein schwerer Job für Protokoll-Chefin Caroline Krämer, die auch schon den Vorgängern der Oberbürgermeisterin treu und umsichtig gedient hat. Ein Job, bei dem man sich sicherlich mehr Feinde als Freunde macht. Denn alle Nichteingeladenen dürften erst einmal für ein paar Wochen geschmollt haben, dass man sie nicht für wichtig genug hielt, an diesem Abend der Oberbürgermeisterin besonders nahe zu sein.

Zusammen mit Altbundeskanzler Helmut Kohl

Dass Petra Roth so großzügig auf Geschenke verzichtete, bedeutete allerdings nicht, dass sie wunschlos glücklich war. Im Gegenteil. Die Gaben konnten gar nicht groß genug sein: Sie hatte sich großzügige Spenden gewünscht – für den Wiederaufbau der Alten Stadtbibliothek.

Beim Geburtstags-Empfang im Römer, mittags um 12 Uhr, war auf Wunsch der Hausherrin Bescheidenheit angesagt. Kein großes Büfett im Kaisersaal, lediglich Getränke wurden gereicht. Der frühere Bundeskanzler Helmut Kohl hielt die Laudatio auf seine erfolgreichste Entdeckung vor rund 1000 geladenen Gästen – weil er seit langem mit der Hausherrin befreundet und seit 1999 Ehrenbürger von Frankfurt ist. Als Antwort hatte die Jubilarin in einer teils tief bewegten, spontan gehaltenen Dankesrede zugleich gut gelaunt zum Besten gegeben, wie sie Anfang der neunziger Jahre von dem damaligen Bundeskanzler Helmut Kohl zur Oberbürgermeisterkandidatin erkoren wurde. Mit zwei Sätzen habe er das entschieden: „Eine Frau, die ordentlich aussieht, das versuchen wir jetzt mal. Du bekommst meine Unterstützung." Der Altkanzler strahlte dabei gönnerhaft über das ganze, große Gesicht.

Auch Parteifreund und Ministerpräsident Roland Koch – wie man munkelt, der Oberbürgermeisterin nicht gerade von Herzen verbunden – durfte pflichtgemäß sein Lob loswerden, und Münchens SPD-Oberbürgermeister Christian Ude, mit dem sie gemeinsam (und meistens sehr einig) als Vorkämpfer im Deutschen Städtetag die Interessen der 5700 Kommunen gegen Bund und Länder vertritt.

*

Zurück in die fünfziger Jahre, ins Kippenberg Gymnasium in Bremen: Die Lehrer lobten Petra bei ihren Eltern ausnahmslos als engagierte Schülerin. Ein munteres, äußerst kreatives Mädchen, das den Unterricht bereicherte, sei sie gewesen. „Ich konnte in der Schule nie abwarten, bis ich drankam und plapperte oft genug ungefragt drauflos", gesteht sie selbst. Ihre Eltern und Omi Änne fanden diesen Mitteilungsdrang allerdings nicht immer so bereichernd wie die Lehrer. Mutter Hannelore: „Wenn es uns zu viel wurde, haben wir ihr schon mal eine oder zwei Mark extra in die Hand gedrückt, wenn sie den Schnabel hielt. Das hat sie an der nächsten Bude immer sofort umgesetzt. Für diese kleinen Autos und Süßigkeiten. Nein, gespart hat sie nie. Das Taschengeld rann ihr nur so durch die kleinen Finger."

Traumberuf Ärztin

Bei aller Wertschätzung der Lehrer – eine richtig gute Schülerin war Petra Martin nicht. Bei vielen Klassenarbeiten offenbarten sich Schwächen, die wohl „auf mangelnde Nacharbeit des Unterrichtsstoffes zu Hause" zurückzuführen waren. Vor allem im Französischunterricht konnte sie nicht so mithalten, wie sie es sich selbst wünschte. „Ich kam einfach mit der Aussprache durch die Nase nicht zurecht. Dabei bin ich wahnsinnig gern zur Schule gegangen, weil da immer was passierte."

Die Versetzung in die elfte Klasse klappte trotzdem. Genug für die so genannte Mittlere Reife. „Aber peinlich war es allemal, als ich die Schule ohne Abitur verließ", gesteht sie. „Alle Martins machten Abitur – das war bis dahin ein ungeschriebenes Gesetz. Nur ich Dussel habe meinen Eltern dieses Unglück bereitet." Ihre Mutter sieht das längst nicht so eng, schon gar nicht als Unglück. „An Petras Werdegang kann man doch wieder mal sehen, dass man auch ohne Abitur ganz nach oben kommen kann", sagt sie, und dabei blitzen ihre Augen vor verständlichem Mutterstolz.

Da sie ja nun ihren Traumberuf, Ärztin, ohne Abitur und Studium nicht verwirklichen konnte, ließ sich Petra in einer Fachschule in Freiburg zur ärztlichen Assistentin ausbilden. Mit großen Erfolgserlebnissen: „Das erste Mal hatte ich lauter Einser in einem Zeugnis. Ein unbeschreibliches Gefühl. Ich hatte gelernt, wie man mit Krankenkassen verhandelt, Abrechnungen für die ärztliche Praxis erstellt und mit Patienten umgeht."

Damit gewann der Traum, doch noch Medizin studieren zu können, wieder Realität. Die gut ausgebildete Arzthelferin machte Pläne, ihr Abitur in einer Abendschule nachzuholen und dann zu studieren. Sie war ja erst 20 Jahre alt. Doch die Liebe zu ihrem 11 Jahre älteren Freund, den sie auf einem Ball der Studenten-Verbindung „Sleswiga Holsatia“ kennen gelernt hatte, war stärker. Der neue Freund – ein Corps-Bruder ihres Vaters – hatte auf rasche Verlobung und ein gemeinsames Leben in Frankfurt gedrängt, weil er dort einen Job als Vorstandsassistent angeboten bekommen hatte. Kurz nach der glanzvollen Hochzeit in der Bremer Liebfrauenkirche zog das junge Paar in die Main-Metropole. Doch die Ehe hielt nicht einmal drei Jahre.

Mutter Hannelore: „Ich hatte schon früh Bedenken und gewarnt: Das ist kein Mann für Dich. Er war sehr nett, aber viel zu ruhig und eher langweilig. Sonntags beschäftigte er sich mit Schuheputzen, anstatt mit Petra tanzen zu gehen oder Ausflüge in die Natur zu machen.“

Erwin – und das Kribbeln im Bauch

1967 trennten sich die beiden – ohne Rosenkrieg und gegenseitige Schuldzuweisungen. Nicht einmal die neuen Frankfurter Freunde hatten die Scheidung mitbekommen. Zu diesen Freunden zählte auch Erwin Roth, 23 Jahre älter als Petra, welterfahren, Ton-Ingenieur beim Hessischen Rundfunk und ein von allen bewundertes Tennis-Ass. Sie hatten gelegentlich zusammen ein paar Bälle auf dem Tennisplatz des SC 1880 im Frankfurter Nordend gewechselt, und Petra fühlte sich jedes Mal irgendwie geehrt, wenn Erwin ihr dabei half, ihre Rückhand zu verbessern.

Es war im Sommer 1967, als Erwin Roth an einem Sonntagnachmittag Petra und ihren Mann zum Schwimmen und Tennis-Spielen einlud. Aber der vermeintliche Noch-Ehemann konnte angeblich nicht und schlug vor, Petra und Erwin könnten doch allein ... Ein Unding für die damalige Zeit: Ein Single und eine verheiratete Frau, das galt als höchst unschicklich. Bis Petra lakonisch erklärte: „Wir sind seit zwei Tagen geschieden."

Mit Erwin Roth hatte Petra die große Liebe ihres Lebens getroffen. Die sportliche junge Frau, halbtags bei einer Ärztin in der Gartenstraße beschäftigt, trainierte nun ihre Vor- und Rückhand fast jeden Nachmittag auf der Tennisanlage mit Erwin, der sich als Produktionsingenieur und späterer Leiter der Hörfunk-Technik beim HR oft nachmittags freimachen konnte. Er war einer der Besten seiner Zunft in Deutschland, der mit allen großen Musik-Stars im Studio arbeitete – mit Big-Band-Leiter Willy Berking genauso wie mit den gerade angesagten Schlager-Größen.

Es blieb nicht beim Tennis. Er lud sie ins Kino ein, ins Café, ins Theater, zu Bergtouren. Sie trafen sich bei Frankfurter Ebbelwei und Rippscher mit Kraut und zum Tanzen in der Bar des Interconti. Da hatte es zwischen den beiden schon längst gefunkt. „Erwin trug einen schicken Pepita-Anzug, ich ein Mini-Sommerkleid, die Band spielte ‚Puppet on a string' – ja und beim Tanzen kam dieses Kribbeln im Bauch. Ich wusste, ich hatte mich verliebt", gestand Petra später einer Lokal-Reporterin.

Auf einer gemeinsamen Bergtour in Südtirol schaffte die Flachländerin ihren ersten Viertausender, den Ortler. Aber den Heiratsantrag machte Erwin seiner jungen, strahlend schönen Freundin erst ein paar Wochen

Petra und Erwin Roth und Bruder Markus beim Tennis

später auf einem eher beschaulichen Schwarzwald-Gipfel. Doch bei aller Liebe waren sich wohl beide nicht völlig sicher, ob sie sich gleich wieder in eine neue Ehe stürzen sollten. Immerhin hatten sie beide bereits eine Ehe hinter sich. Und da war vor allem der große Altersunterschied: „Aber alle Freunde haben uns immer wieder gesagt, wie gut wir zueinander passen. Und sie hatten Recht."

Trotzdem ging Petra noch für ein knappes Jahr nach England – als Au-pair-Mädchen bei Geschäftsfreunden eines Cousins in London. Allerdings ohne etwa auf die Kinder der Gastfamilie aufpassen zu müssen oder zu kochen. Sie konnte in einer Londoner Schule ihr Englisch verbessern. Gewissermaßen war es auch die letzte Prüfung vor dem entscheidenden Schritt der beiden in ihre jeweils zweite Ehe.

Den wagten Petra und Erwin Roth am 30. Juni 1970: Hochzeit im Römer, natürlich. Sie im weißen Mini-Kleid, er im schwarzen Einreiher mit weißem Einstecktuch. Eine Trauung mit unerwünschter Begleitmusik. Ohrenbetäubender Lärm störte die Zeremonie. Presslufthämmer, die sich für die U-Bahn-Trasse in den Schwemmsand des Römerbergs bohrten. Erwins Freunde vom Sender, die einen fröhlichen Tonband-Sketch über den Rathaus-Vorplatz erschallen ließen, hatten bei ihrer Regie die Männer aus dem Untergrund übersehen oder besser überhört. Aber die waren eindeutig lauter als die Stimmen aus den Lautsprecher-Boxen auf der Rathaustreppe.

Doch das junge Paar sah diese Panne nicht etwa als schlechtes Omen an. „Ich habe zwar nichts verstanden", lachte die Braut, „aber es war trotzdem schön und eine gelungene Überraschung." Schon ein Jahr später wurde Sohn Claudius geboren, 1974 André-Michael, beide inzwischen erfolgreiche Rechtsanwälte und immer noch jederzeit für die Mutter da, wenn diese in ihrem neuen 240-Quadratmeter-Einfamilienhaus, das sie erst im Herbst 2004 bezogen hat, einmal männliche Hilfe braucht.

Bei Greta war's wie in der Schule

1972 hatte die Bremer Kaufmannstochter, inzwischen längst „bekennende Frankfurterin", ihre politische Karriere gestartet. Zunächst, ohne sich große Ziele zu setzen. In ihrer neuen Rolle als Mutter im Reihenhaus am Stadtrand waren ihr auch die Probleme anderer Mütter in der Nachbarschaft bewusst geworden. Sie wollte nicht länger einfach nur zusehen und möglicherweise über „die da oben" meckern. Sie wollte mitreden, mitgestalten. „Besonders unter den Müttern gab es ja so wenige, die in der Politik mitbestimmten."

Die örtliche CDU hatte zu einer Partei-Veranstaltung im Stadtteil Nieder-Eschbach am Fuße des Taunus einen damals bekannten FDP-Bundestagsabgeordneten eingeladen: Freiherr von Kühlmann-Stumm. Den fand sie nicht nur bemerkenswert gut aussehend, wichtiger war wohl noch, dass ihre Tante Helga den Politiker persönlich besonders gut kannte und deshalb von ihm schwärmte. Außerdem interessierte sie sich nicht erst für Politik, seit ihre Mutter in Bremen CDU-Mitglied geworden war. Sie verschlang alle Bücher über die jüngere deutsche Geschichte, las täglich mehrere Zeitungen und fühlte sich als junge Mutter manchmal unterfordert.

Wie Recht ihr Mann hatte, als er sich weigerte mitzukommen, weil er mit „Dorfpolitik" nichts am Hut hatte, merkte die junge Frau bald. „Ich war zunächst lange die Einzige in der Kneipe", erinnert sich die Oberbürgermeisterin. „Außer Kühlmann-Stumm natürlich und Anton Bretz, dem CDU-Ortsvorsitzenden. Später verloren sich noch ein paar Menschen in der Kneipe, die wir schlicht ‚bei Greta' getauft hatten, weil die Wirtin Greta hieß." Aber Themen, die sie brennend interessierten, wie der Vietnam-

Krieg, der damals in die entscheidende Phase ging und für gewaltige gesellschaftliche Auseinandersetzungen und Umbrüche auch in Deutschland sorgte, wurden gar nicht besprochen. „Trotzdem blieb ich. Es war wie früher in der Schule. Bei Greta passierte immer etwas, und das gefiel mir."

Jeden Montag war Stammtisch. Jeden Montag war auch Petra Roth da. Und obwohl sie die Warnung ihres Mannes im Ohr hatte, „nimm bloß kein Amt an", ließ sie sich schnell dazu überreden, künftig als Schriftführerin für den Ortsverband zu arbeiten. Anton Bretz meldete seinen großen Erfolg stolz an die CDU-Spitze in Frankfurt. „Ich habe hier eine bildschöne junge Frau geworben. Aus der wird mal was."

„Ich sehe sie noch vor mir, jung und lebenssprühend", schreibt Wallmanns erfolgreicher Stadtkämmerer Ernst Gerhardt in seiner kleinen Laudatio zu Petra Roths 60. Geburtstag. „Ihr Einsatz war, als Ehefrau und Mutter von

Petra, ihr „Entdecker" Anton Bretz und Ruth Beckmann

zwei Söhnen, beachtlich groß. Denn sie lernte die sozialen Nöte ihrer Mitbürger vor Ort kennen." Der zu seiner aktiven Zeit immer am besten informierte Stadtrat aus glorreicher Frankfurter Vergangenheit hat die Karriere der Oberbürgermeisterin in der CDU gefördert und begleitet, weil er, wie Bretz, von ihrer außergewöhnlichen Begabung überzeugt war, die Menschen in der Stadt auf ihrem politischen Weg mitzunehmen.

Eine kluge, sehr weitsichtige Einschätzung sowohl des Ortspolitikers Bretz wie auch des alten Fuchses Gerhardt, die 30 Jahre später auch der international erfahrene Ex-Opern-Intendant Professor Peter Eschberg noch untermauert: „Was für eine Frau. Gescheit und unabhängig, wie Männer es gerne von sich behaupten. Dass sie außerdem eine schöne Frau ist – sie weiß das und geht damit souverän und überhaupt nicht kokett um – erhöht ihre Unabhängigkeit von Emanzipationsklischees."

Eine kleine Schlafzimmer-Geschichte

Schon bei ihren ersten politischen Schritten in Nieder-Eschbach hat sie keine halben Sachen gemacht. Das gehört zu Petra Roths Persönlichkeit. Sie kniet sich rein, von Anfang an. Hans Beckmann, ehemaliger Sprecher der Bahngewerkschaft und Ehemann der Landtagsabgeordneten Ruth Beckmann, erinnert sich genau an die ersten Erfolgserlebnisse der Jung-Politikerin. Besonders an die Geburt ihrer ersten Pressemeldung und ihren ersten erfolgreichen Kurs in der freien Rede: „Ich holte meine Frau Ruth abends gegen 22 Uhr nach einer Mitgliederversammlung im Café Rott in Nieder-Eschbach ab, als sie mir die neue Schriftführerin des Ortverbandes vorstellte. Petra fragte mich, ob ich ihr bei ihrer ersten Pressemeldung über den Abend helfen könnte. Kein Thema. Wir trafen uns am nächsten Morgen in ihrer Wohnung, Sohn Claudius war im Kindergarten. Als ich ihr die fünf großen Ws als Grundlage jeder Pressemeldung erklärt hatte, führte sie mich ins Schlafzimmer. Nanu, dachte ich – wohl deutlich erkennbar irritiert. ‚Nein, nein', lachte sie amüsiert, ‚ich habe dort meine Schreibmaschine.'

Sie setzte sich vor eine kleine Olympia-Reiseschreibmaschine auf einer Anrichte, und wir formulierten gemeinsam die Pressemeldung, wobei sie bei jedem meiner Sätze ihren Senf dazugab. Es wurde eine ganze Din-A4-Seite. Eigentlich viel zu lang, erklärte ich ihr, aber sie sollte es versuchen. In meinem Büro musste erst einmal eine Blaupause für die Vervielfältigung gemacht werden, da es 1972 ja weder Kopierer noch etwa Faxgeräte gab. Dann schickte ich die Meldung an die von ihr benannten Zeitungen. Zwei Tage später rief sie mich begeistert an. ‚Die Wetterauer Zeitung hat die Meldung im vollen Wortlaut gedruckt und gekürzt steht sie auch in der FNP, der FR und der F.A.Z.'

Danach haben wir oft zusammen telefoniert und uns auch öfter in meinem Büro in der Westendstraße getroffen. Sie war sehr begierig, alles von mir zu erfahren, was ihr für ihre Politik-Azubi-Zeit wichtig erschien, und bat mich an einem von der Bahn-Gewerkschaft veranstalteten dreitätigen Redner-Seminar an der Romantischen Straße teilnehmen zu dürfen. Ich nahm sie natürlich gern im Auto mit. Und sie hat diese Tage genutzt. Petra hat eine angenehm dunkle, klare Stimme und hielt am Kurs-Ende die beste freie Rede aller Teilnehmer. Eine Fähigkeit, die sie bis heute immer weiter perfektioniert hat."

Dieser Drang, möglichst alles perfekt zu machen, hat sie über drei Jahrzehnte voll in Anspruch genommen, ihr allerdings auch viel Erfolg und Anerkennung gebracht. Erst jetzt beginnt sie langsam daran zu zweifeln, ob bis zu 16 Stunden täglich im Geschirr auf Dauer nicht zu viel sind. „11 Stunden würden ja vielleicht auch reichen", sinniert sie und wirkt in solchen Momenten plötzlich ein bisschen müde, um Sekunden später ihren Büroleiter, den Literatur-Professor Felix Semmelroth, zu neuen Taten anzutreiben.

Petra mit den Enkeln von Ruth und Hans Beckmann

Angeblich hat es zwischen diesen beiden nur ein einziges Mal richtig gekracht. Als der Professor ihr zum 70. Geburtstag des berühmten Jazzers Albert Mangelsdorff ein Kuckucksei ins Rede-Nest gelegt hatte: So pries die OB arglos die große Virtuosität Albert Mangelsdorffs auf dem Alt-Saxophon. Doch der spielt Posaune, im Gegensatz zu seinem etwas weniger bekannten Bruder Emil, der das Alt-Saxophon beherrscht.

*

Ihre politische Karriere war steil. Sicherlich hat ihr gutes Aussehen dazu beigetragen. „Auf jeden Fall hat es nicht geschadet", schmunzelt sie. „Aber nur schön zu sein, reicht nicht. Man muss sich auch mit aller Kraft reinhängen, um seine Ziele zu erreichen." Die Männer-Partei CDU schmückte sich allerdings zunächst gern mit der nur 165 Zentimeter großen, aber sehr attraktiven neuen Parteifreundin, die sich an den Parteispitzen Rainer Barzel, Kurt Biedenkopf, Heiner Geißler, Helmut Kohl – und natürlich Walter Wallmann orientierte.

Der Alt-OB hat ihre Rolle in der Frankfurter CDU treffend analysiert: „Petra Roth weiß, dass sie getragen wird von ihrer Partei", sagt Wallmann. „Deswegen bekennt sie sich zur CDU. Aber sie weiß, dass keine Partei im Besitz absoluter Wahrheiten ist. Deswegen sucht und findet sie Gespräche über Parteigrenzen hinaus. Sie weiß zudem, dass der Satz Heraklits, wonach alles fließt, zutrifft. Veränderungen bestimmen unser Leben, und sie werden immer schneller. Petra Roth hat Mut. Sie steht zu ihren Überzeugungen. Und sie vertritt ihre Stadt glänzend. Ob in der Paulskirche, in der Alten Oper oder in Berlin: Sie ist eine perfekte Botschafterin Frankfurts. Sie mehrt damit das Ansehen ihrer Stadt, im Zeitalter der Massenmedien ein unschätzbarer Vorteil."

Das passt zur Einstellung der Oberbürgermeisterin, die freimütig bekennt, dass sie nur in der liberalen Frankfurter CDU ihre politische Heimat finden konnte. Michel Friedman, Rechtsanwalt in Frankfurt und ehemals Vorstandsmitglied der Bundes-CDU, schätzt diese liberale Einstellung von Petra Roth besonders hoch ein: „Sie ist eine der Ersten unserer Partei, die schon vor Jahren über ein schwarz-grünes Bündnis nachgedacht hat. Sie ist weltoffen, hat eine multikulturelle, internationale Sichtweise und trägt keine ideologischen Scheuklappen." Friedman, im Nebenjob Fernsehmoderator und ehemals Vizepräsident des Zentralrats der Juden in Deutschland, hat aus Zorn auf Roland Koch die hessische CDU verlassen und ist in den Landesverband des Saarlandes gewechselt. Er hält Koch die seiner Meinung nach unselige Unterschriftenaktion zur Verhinderung der doppelten Staatsangehörigkeit vor und empört sich über die von Kanther und Co. behaupteten jüdischen Vermächtnisse, mit denen die alte Wiesbadener CDU-Spitze die Spenden-Millionen im Ausland erklärt hatte. „Dagegen ist Petra Roth für mich allerdings ein Grund, sich weiterhin zur CDU zu bekennen."

*

Die Bürger im Norden der Stadt hatten schnell gemerkt, dass der aufgehende Polit-Stern nicht hochgestochen schwafelte, sondern sich wirklich ernsthaft um ihre Probleme kümmern wollte. Petra Roth argumentierte klar und knapp, sodass sie jeder verstand. Schon 1973 wurde sie zur Sozial-Bezirksvorsteherin gewählt. Sie blieb diesem arbeitsbelasteten Metier bis 1988 treu, weil es ihr eine Herzensangelegenheit war, obwohl sie in Frankfurt seit 1977 zugleich als Abgeordnete im Landeswohlfahrtsverband Hessen arbeitete und als Stadtverordnete ins Römer-Parlament gewählt worden war. Zwar lag es nahe, dass das Sport-Ass geradezu prädestiniert war, Vorsitzende im Sportausschuss des Stadtparlaments zu werden. Aber sie hätte sich auch jede andere Aufgabe im Parlament zugetraut. „Man kann alles lernen. Statt abends vorm Fernseher zu sitzen, habe ich gelesen, gelernt und mich intensiv mit der komplizierten Materie der hessischen Gemeindeordnung auseinandergesetzt. Da macht mir keiner mehr etwas vor."

Auch im Sport nicht, was für ihre neue Aufgabe sicherlich hilfreich war. Sie fuhr so gut Ski, dass sogar Gold-Rosie Mittermaier beim Skitreff der Frankfurter Sportjournalisten auf dem Gletscher in Hintertux am Ende des Zillertals über den rasanten Fahrstil der blonden Norddeutschen staunte. Sie spielte fast so gut Tennis wie ihr Mann und Vorbild Erwin Roth. Sogar in

Jörg Semjahns Mucki-Bude an der Hanauer Landstraße sah man sie an der Kraftmaschine schwitzen. Da trimmte sie sich allerdings eher für die Fotografen.

Ihre angebliche Vorliebe für die Fußballer von Werder Bremen hatte sie längst abgelegt und hielt nur noch der Frankfurter Eintracht die Daumen. Nicht immer mit dem notwenigen Quäntchen Glück. Spötter halten ihr

Beim Wintersport in Zermatt

vor, Petra Roth werde auch deswegen in die Geschichte eingehen, weil die Eintracht während ihrer Regierungszeit schon mehrfach in die Zweite Liga ab- und einmal nur aufgestiegen sei – weil die OB im entscheidenden Spiel zu früh das Waldstadion verlassen hatte. Erst danach hatten die Eintracht-Stürmer, offenbar vom Druck befreit, groß aufgespielt und die entscheidenden Tore geschossen. In Wahrheit scheint ihr Fußball nicht wichtiger zu sein als alle anderen Sportarten – das allerdings darf man als Lokalpatriotin natürlich nicht laut sagen. Nirgendwo in Deutschland.

1982 stand sie in der Frankfurter CDU bereits auf Platz zwei und übernahm einige Jahre später die Führung der Frauenunion. Ein Glücksfall für die Frankfurter CDU und ihr Aushängeschild Walter Wallmann, der als erfolgreicher OB die Kärrnerarbeit für die Partei bei „Miss Römer" in den besten Händen wusste.

*

Es war die Zeit der gewalttätigen Demonstrationen und Straßenschlachten in Frankfurt. Die Proteste gegen den Bau der neuen Startbahn West auf dem Flughafen trieben ihrem Höhepunkt zu. Der damalige Hessi-

Petra Roth in Zermatt

sche Ministerpräsident Holger Börner (SPD), ein gelernter Betonfacharbeiter, drohte den Protestlern mit dem berühmten Dachlatten-Zitat: „Bei uns auf dem Bau hätte man diese Leute mit der Dachlatte vermöbelt" – und erntete dafür wütende Drohungen aus dem linken politischen Spektrum. Und es war ausgerechnet ein liberaler Innenminister, Eckehard „Ecki" Gries, der die eigentlich zunächst friedlich agierenden Startbahngegner mit einem gewaltigen Polizeiaufgebot aus der ganzen Republik vom Bauplatz vertreiben lassen musste. Denn die örtlichen Flughafengegner um den Walldorfer Umwelt-Pfarrer Kurt Oeser waren schnell von vermummten Krawalltouristen aus ganz Deutschland unterwandert worden. Was mit der Räumung der Hüttendörfer begann, endete in blutigen Schlachten – mit einem erschossenen Polizisten und vielen Verletzten auf beiden Seiten.

Jedes Wochenende gab es Randale nicht nur draußen im Flörsheimer Wald an der Startbahn, sondern auch in der Innenstadt zwischen Fressgass' und Bornheim – mit brennenden Autos, aufgerissenem Straßenpflaster, eingeschlagenen Schaufensterscheiben und brennenden Müllcontainern. Der berüchtigte „schwarze Block", martialisch behelmte, zum Teil mit Arafat-Tüchern vermummte Schläger, verbreitete Angst und Schrecken. Sicherlich war der Einsatz gegen die Demonstranten in erster Linie Sache der sozial-liberalen Landesregierung, aber natürlich kamen auch die Stadt-Politiker an solchen Tagen in ihrem Bemühen um Schadensbegrenzung kaum aus den Schuhen.

Etwa zur gleichen Zeit vollzog ein anderer junger Frankfurter die Metamorphose vom Hausbesetzer und Chaoten der Jahre 1967 bis 72 zum beliebtesten Politiker Deutschlands: Joschka Fischer. Nach dem Terrorherbst 1977 der Rote-Armee-Fraktion (RAF) mit der Entführung und Ermordung des Arbeitgeberpräsidenten Hanns-Martin Schleyer hatte er erkannt, welchen Irrweg Teile der deutschen Linken eingeschlagen hatten, und eine neue politische Heimat bei der neu gegründeten Partei Die Grünen gefunden, die mit ihren Frankfurter Protagonisten Jutta Ditfurth und Manfred Zieran natürlich auch zu den leidenschaftlichen Unterstützern der Startbahnproteste zählten.

1983 wurde Fischer für die Frankfurter Grünen in den Bundestag gewählt und zählte neben Otto Schily zu den tonangebenden Mitgliedern des „realpolitischen" Flügels der Partei. 1985 wechselte Fischer in die hessische Landespolitik und wurde am 12. Dezember 1985 in weißen Turnschuhen und Sportsakko als Minister für Umwelt und Energie der ersten rot-grünen Landesregierung in Deutschland vereidigt. Unter SPD-Ministerpräsident Holger Börner, der Fischers Gesinnungsfreunde noch ein paar Jahre vorher am liebsten mit der Dachlatte zur Räson gebracht hätte.

Petra und Erwin Roth mit den Söhnen Claudius und André

Erwin Roth – der Mann an ihrer Seite

Petra Roths Ehemann Erwin war auch in diesen schweren Zeiten ihre größte Stütze. Er tolerierte ihr politisches Engagement, brachte sich noch stärker bei der Erziehung der beiden Söhne ein und war sich nicht zu schade, bei der Hausarbeit zu helfen. „Das“, sagt sie, „war es wohl, was unsere Ehe so glücklich machte. Trotz des großen Altersunterschiedes.“

Mutter Hannelore ging gern mal mit ihrem Schwiegersohn, der ja nur zwei Jahre jünger war als sie, zum Essen, wenn ihre Tochter abends auf einer Polit-Veranstaltung ihren Mann stehen musste. Sie fand es witzig, wenn sie für ein Ehepaar gehalten wurden. „Aber Erwin mochte das nicht. Er schwärmte halt doch eher für jüngere Frauen“, schmunzelt die rüstige 84-Jährige.

Trotz der vielfältigen Verpflichtungen der Politikerin und der Hausarbeit nahmen sich die Roths Zeit, ihren Hobbys nachzugehen, Tennis zu spielen, in Urlaub zu fahren, durch die Wälder rund um Frankfurt zu marschieren – und tanzen zu gehen. Außerdem konnte sich Erwin Roth auch gut allein beschäftigen, wenn seine Frau an manchen Abenden in Sachen Politik unterwegs war: Neben seiner Musik liebte er auch die bildende Kunst. Er malte viel und brachte es bei der Restaurierung von arg ramponierten Bildern zu erstaunlichen Erfolgen. Obwohl Erwin 23 Jahre älter war als seine Frau, machte er fast alles mit. Sie feierten gern und ausdauernd. Am liebsten am Freitag, weil sie dann am nächsten Morgen ausschlafen konnten. „Erwin“, sagen seine alten Freunde, „war fröhlich, ohne laut zu sein, und er hatte eine besonders seltene wie sympathische Eigenschaft: Er konnte über sich selber lachen“.

Petra und Erwin Roth an ihrem Hochzeitstag im Juni 1970

So kehrten die beiden nach einer ausgiebigen Sause mit ein paar Freunden nachts noch bei einem befreundeten Zeitungs-Redakteur in Ober-Erlenbach, einem Ortsteil von Bad Homburg, ein. Dass der Hausherr die Schlüssel fürs im Umbau befindliche Gartentor nicht dabei hatte, war für die sportliche Petra keine Hürde. Sie schwang sich elegant über die eiserne Pforte. Erwin, nicht mehr so beweglich, kletterte auf den halbfertigen Zaunpfosten. Sein Pech: Der Hausherr hatte die elektrische Leitung für die Beleuchtung noch nicht isoliert ... Gelacht haben sie trotzdem. Auch Erwin, allerdings etwas gequälter als die anderen.

Die Nacht der Fische

Hans Beckmann erinnert sich aus dieser Zeit an die eine oder andere Begebenheit mit dem Ehepaar Roth. Zum Beispiel an die „Nacht der Fische“: „Wir feierten 1983 mit rund 30 Freunden den Einzug in unser neues Eigenheim im Carl-Barthel-Weg in Sachsenhausen. Ein Fastnachtsabend unter dem Motto ‚Nacht der Fische‘, weil ich im Sternbild Fische am Rosenmontag 1924 geboren wurde. Petra und Erwin feierten mit. Es wurde anständig gebechert, getanzt und gesungen. Fastnachtslieder. Petra liebt Bier vom Fass, Erwin bevorzugte die Kurzen. Gegen 4 Uhr morgens, als sich die Gäste langsam auf den Heimweg machten, bewegte die Roths vor allem eine Frage: Wer fährt? Sie konnten sich nicht einigen, wer den blauen BMW sicherer nach Nieder-Erlenbach lenken konnte, bis ich entschied: Ihr nehmt ein Taxi. Als sie am nächsten Tag ihren Wagen bei uns abholte, hat sie sich herzlich bedankt.“

Wenn Petra Roth von ihrem Mann spricht, spürt man die große Liebe, die beide verband. Dass Erwin Roth den größten Erfolg seiner Frau nicht mehr erleben durfte, ist besonders tragisch. Im Herbst 1993 erlitt er einen Schlaganfall und erblindete. Ein halbes Jahr bangten Petra Roth und die beiden Söhne um sein Leben. Vergeblich. Erwin Roth starb am 17. März 1994, 73 Jahre alt, ein Jahr vor dem historischen Sieg seiner Frau bei der Direktwahl ums Oberbürgermeisteramt. „Es war ein Sekunden-Tod, ein gnädiger, der plötzlich in der Nacht kam und uns alle – meine beiden Söhne und mich – überraschte. Er war ein wunderbarer Mann von großer Lebensweisheit, der mir in jeder Lebenslage beratend und, wenn's sein musste, auch tröstend zur Seite stand.“

Ohne die volle Unterstützung ihres Mannes von Anfang an hätte Petra Roth ihre Karriere als neue Hoffnungsträgerin und schließlich als Retterin der Frankfurter CDU auch nicht schaffen können. Denn vom ersten Tag an hatte sie unter Dampf gestanden. Schon bald nach dem Politik-Start in Ober-Eschbach standen abends zwei, drei Termine bei Frankfurter Vereinen an: Jubiläumsfeiern, Meister-Ehrungen, Hauptversammlungen, Problem-Bewältigungen, Einweihungen. Alle wollten die neue Frau im Frankfurter Sport bei sich sehen. „Nun schütten Sie mal ihr Herz aus", hatte sie Sportlern und Funktionären beim Amtsantritt versprochen, „wenn Sie irgendwelche Probleme haben in Ihrem Verein, bei deren Lösung die Stadt mithelfen kann, dann erzählen Sie mir das bitte."

Fastnacht mit Ruth Beckmann

Es war kein leeres Versprechen – das war von Anfang an nicht ihr politischer Stil. Aber sie stellte ihr Licht auch nicht unter den Scheffel und ließ zum Beispiel die Vereine auf CDU-Briefpapier glauben, allein die Union habe die Zuschüsse für sie im Stadtsäckel locker gemacht. Und auch sonst zeigte die damals 38-Jährige ihre Muskeln, die sie bei ihren vielfältigen sportlichen Aktivitäten trainierte. Bei einem Besuch der Frankfurter Ruderer von Germania stemmte die Mutter von zwei Söhnen am Tag des Rudersports schwere Hanteln, mit denen sich die Männer fit zu machen pflegen – und die Ruder-Recken staunten.

Bei ihren Parteifreunden, aber auch beim politischen Gegner hatte sich längst herumgesprochen, dass da nicht nur eine attraktive Frau immer weitere Kreise zog. Wer Petra Roth mit ihrer klaren Stentor-Stimme im Stadtparlament zuhörte, spürte schnell, dass diese Frau ebenso sachlich wie bestimmt argumentierte. „Mit meiner Stimme“, flachste sie später einmal, „kann ich ohne Mikro Kathedralen und Messehallen durchdringen.“ Die junge Mutter aus Bremen hatte sich mit Naturtalent, Fleiß in politischen Seminaren der Adenauer-Stiftung und wachsendem Sachverstand von der letzten Reihe in die vorderste Linie der Frankfurter Politik geschoben. In ihrer Aufgabe als Sportpolitikerin sah sie die Chance, auch Jugendarbeit leisten zu können. „Jeder Junge, der in einem Verein ist, ist nicht in der Drogenszene“, ist noch heute ihr Credo. Aber ihr Traum, möglichst an jeder Ecke der wilden Stadt eine Sporthalle zu bauen, blieb natürlich unerfüllbar und musste am Einspruch jedes Stadtkämmerers scheitern.

Petra for President!

Dass sie in diesen Jahren auch noch Zeit findet, viele Bücher über die jüngere deutsche Geschichte zu lesen, zeigt ihren Ehrgeiz zu lernen, was sie möglicherweise in der Schule versäumt hat und mangels Studiums jetzt nachholen will: Bildung, Hintergrundwissen, um mitreden und mitdenken zu können. Als sie 1985 gefragt wurde, wie sie sich ihre Zukunft vorstelle, war ihre Antwort nicht überraschend: Nein, politisch sehe sie für sich keine Grenze. Knapp 20 Jahre später gehörte Petra Roth sogar zum exklusiven Kreis derer, die sich Chancen auf die Nachfolge von Johannes Rau als Bundespräsident ausrechnen konnten. Aber CDU-Chefin Angela Merkel mochte dem Beispiel der Sozialdemokraten nicht folgen, mit der Professorin Gesine Schwan eine Frau zu berufen, und setzte einen Mann durch: Horst Köhler.

*

1987 bei der Hessenwahl schaffte Petra Roth auf Anhieb den Sprung in den hessischen Landtag. Dabei nahm sie der etablierten SPD-Kandidatin Ute Hochgrebe den Wahlkreis 39 ab, zu dem auch ihr Wohnquartier Nieder-Erlenbach an der Frankfurter Stadtgrenze gehört. Ihre Partei agierte in der hessischen Metropole weniger erfolgreich. Wallmanns Kurzzeit-Nachfolger Wolfram Brück unterlag 1988 dem SPD-Kandidaten Volker Hauff – Bundesverkehrsminister im letzten Kabinett von Helmut Schmidt. Wallmann hatte 1987 den OB-Sessel geräumt und sich erfolgreich als Ministerpräsident von Hessen zur Wahl gestellt, weil der schneidige Ex-Offizier Alfred Dregger nach der dritten Niederlage nicht mehr antreten wollte und stattdessen als Chef der Unions-Fraktion nach Bonn gerufen wurde.

Dass Petra Roth auch von Wiesbaden aus dem Frankfurter Sport weiter eng verbunden bleiben durfte, verdankt sie dem neuen OB Volker Hauff. Der SPD-Politiker berief die erfolgreiche CDU-Frau in den Aufsichtsrat der Gesellschaft, die Olympia 2000 nach Frankfurt holen sollte. Roths Sachverstand sei von großem Wert für die Olympia-Gesellschaft, begründete Hauff seinen Schritt gegenüber murrenden Genossen, die den Job lieber aus den eigenen Reihen besetzen wollten. Aber Hauff setzte sich durch: „Die Mitarbeit der engagierten und im Leben der Frankfurter Sportvereine verwurzelten Petra Roth ist eminent wichtig." Warum Frankfurt trotzdem keine Chance zur Ausrichtung der olympischen Sommerspiele bekam, hat vielfältige andere Ursachen.

Roth macht müde CDU-Männer munter

1989 schickte sich Petra Roth, inzwischen 45 Jahre alt, an, die müden CDU-Männer in Frankfurt munter zu machen. Sie forderte die Frauen auf, ihrem Beispiel zu folgen und blickte dabei ein wenig über den Zaun zu den Grünen und Sozialdemokraten, die über den Weg der Frauenquote für mehr weibliches Spitzenpersonal in ihren Parteien gesorgt hatten. Schon 1984 beim CDU-Parteitag in Essen war sie mit dem Antrag auf eine Frauenquote vorgeprescht – und abgeblitzt. Dass die Zeit dafür in ihrer Partei (immer noch) nicht reif ist, hat sie zunächst offenbar akzeptiert. „Wir wollen keine Quote, wir wollen mehr Frauen", schließt sie sich inzwischen öffentlich der Meinung des großen Ex-Vorsitzenden an. „Die Crux ist", sagt sie, „dass es eigentlich eine ganze Reihe von tüchtigen Frauen gibt, die in gleicher Lage wie ich vor 30 Jahren in die Ortsverbände kommen und mitarbeiten wollen. Aber den meisten fehlt das Durchhaltevermögen. Denn wenn man etwas erreichen will, muss man bereit sein, dicke Bretter zu bohren."

Eine Tugend, die Petra Roth auszeichnet, die man aber auch braucht, um zum Beispiel Bürgermeisterin oder Ministerin werden zu können. Lassen wir noch einmal einen kompetenten Weggefährten zu Wort kommen, der sie seit 1977 beobachtet und gefördert hat – Walter Wallmann: „Die Frankfurter respektieren sie. Sie sehen das große Engagement dieser Frau, und sie erkennen die schwierigen Verhältnisse, unter denen diese Stadt geführt werden muss. Die Handlungsspielräume sind geringer geworden. Sehr viel geringer als zu meiner Zeit. Ich hatte mit meinen Freunden dreimal die Mehrheit im Stadtparlament gewonnen, Petra Roth muss eine Viererkoalition führen. Das neue Kommunal-Wahlrecht hat zudem dazu geführt, dass

Wir wollen endlich
Taten sehen!

kleine und kleinste Grüppchen im Römer vertreten sind. Die Entscheidungen sind also sehr viel schwerer geworden."

Auch Helmut Kohl, dem man nicht nachsagen darf, dass er keinen Blick für tüchtige Frauen in der Politik hatte, wurde früh auf die flotte Blonde im Nachbarland aufmerksam. Sie schickte sich nämlich an, aus den inneren Zirkeln der Partei auf Mitglieder und Bürger zuzugehen, und machte auch öffentlich keinen Hehl aus dieser Meinung: „Der frische Wind muss von innen nach außen wehen. Die oft zitierte Politikverdrossenheit fängt ja schon in der eigenen Partei an. Wir müssen uns mehr um unsere Mitglieder kümmern, die sich oft unverstanden fühlen. Seit Jahren engagieren sie sich, ohne dafür öffentliche Anerkennung zu bekommen. Wenn der eigene Laden nicht in Schuss ist, wie soll man dann glaubhaft nach außen wirken?"

Der schwarze Riese aus der Pfalz hatte längst erkannt, dass die CDU in einer der wichtigsten deutschen Städte eine Frischzellenkur brauchte. Nur – wer sollte sie den müde gewordenen Parteifreunden verordnen? Mit Petra Roth hatte der CDU-Patriarch seine Hoffnungsträgerin gefunden. Er ließ die reichlich blass wirkenden Matadore der Frankfurter Union wissen, dass sie mit ihr an der Spitze die Stadt von Rot-Grün zurückerobern könnten. Ein guter Rat, der allerdings die meisten Männer in der CDU ganz schön ins Schwitzen brachte. Ein Wortspiel machte bald die Runde: Männer sehen Rot(h).

Sie verlangt von allen Parteifreunden den echten Leistungsvergleich. „Wenn ein Mann Erfolg hat, ist das selbstverständlich. Da kräht kein Hahn nach. Kommt eine Frau ein bisschen weiter, wird sie als Karrierefrau abgestempelt. Männer sollten endlich damit beginnen, Frauen im Beruf und in Spitzenpositionen zu akzeptieren. Wir wollen weder einen Heiligenschein noch falsche Lorbeeren." Klare Sätze einer erfolgreichen Frau, die auch 15 Jahre später nicht viel von ihrer Aktualität eingebüßt haben. Aber auch Sätze einer Frau, die sich ohne Schnörkel gegen die Übermacht der Männer in der Politik durchgesetzt hat.

Politik als Event

Wie als Kind auf der Bremer Eisbahn die großen Jungs, fegte Petra Roth die zaudernden CDU-Granden in Frankfurt von der Spitze, gewann nebenher zum zweiten Mal ihren Landtags-Wahlkreis und machte sich auf den langen Weg in den Kampf um die Macht im Römer. Im Dezember 1991 war es so gut wie sicher, dass alles auf sie hinauslief, 1993 gegen den Amtsinhaber anzutreten. Das war nach dem glücklosen Volker Hauff, der von seinen eigenen Genossen mit grüner Hilfe zu Fall gebracht worden war, der smarte Ex-FDP-Mann Andreas von Schoeler, verheiratet mit Ulrike Holler, einer einflussreichen Redakteurin beim Hessischen Rundfunk.

Bundesforschungsminister Heinz Riesenhuber hatte die Frankfurter CDU-Parteifreunde bei ihrer Suche nach einem aussichtsreichen Kandidaten abblitzen lassen. Der Professor aus dem Frankfurter Westen, mit der unvermeidlichen Fliege als Markenzeichen und den zahlreichen Nebenjobs, hatte keine Ambitionen, sich in der als unregierbar geltenden Finanzmetropole verschleißen zu lassen. Genau wie Helmut Kohls Familienministerin Hannelore Rönsch aus Wiesbaden. Außerdem scheuten sich offenbar beide, Stress und Mühen eines elfmonatigen Wahlkampfs auf sich zu nehmen. Dazu noch mit höchst ungewissem Ausgang. Denn von Schoeler hatte trotz einiger persönlicher Skandälchen und des politischen Stillstands bei den Bürgern Frankfurts ein relativ gutes Standing. Er half schon mal unter den Augen „rein zufällig“ anwesender Fotoreporter einem alten Mütterchen über die Straße und pries als Fahrgast in der U-Bahn die Vorteile des Frankfurter öffentlichen Nahverkehrs, obwohl der gerade wegen seiner

Hochpreis-Politik in der Kritik stand. Es war übrigens das einzige Mal, dass der OB ein Fahrzeug des Frankfurter Verkehrsverbundes benutzte.

Rot-grüne Politik geriet in der Stadt immer häufiger zum Event. Und die Medien waren immer dabei, wenn sich die inzwischen etablierten ehemaligen Hausbesetzer um Joschka Fischer, Tom Koenigs oder Daniel Cohn-Bendit („Der rote Dany“) mit Andreas von Schoeler und Achim Vandreike im Varieté Tigerpalast verlustierten. Hausherr Johnny Klinke – auch ein ehemaliger bewährter Straßenkämpfer – zechte meistens fröhlich mit. Der im März 2003 verstorbene Chef der Schutzpolizei Frankfurt Mitte, Herbert Wltschek, erinnerte schmunzelnd, dass er fast allen neuen Herren in der Stadtregierung während der Hoch-Zeit der Hausbesetzungen im Frankfurter Westend mindestens einmal die Ohren lang gezogen hatte. Zwischen 1968–1975 beteiligten sich Fischer und Co. an Demonstrationen und Straßenschlachten der militanten Gruppe „Revolutionärer Kampf“ (RK), die zu einem kleinen Teil in die Terrorszene abdriftete. Fischer galt als Chef der so genannten Putzgruppe, hat aber dieser Vergangenheit längst abgeschworen und avancierte inzwischen zum beliebtesten deutschen Politiker. Andreas von Schoeler gehörte allerdings nie zu den Radaubrüdern. Er hatte seine politische Karriere in der FDP der Landeshauptstadt Wiesbaden gestartet und es in der sozial-liberalen Bundesregierung bis zum Staatssekretär gebracht. Wohlerzogen und immer in feines Tuch gekleidet.

Viel geändert hat sich im Tigerpalast übrigens in den vergangenen zehn Jahren nicht. Joschka Fischer und Co. kommen immer noch, aber jedes Jahr im Februar zur Premiere bestaunt auch Petra Roth auf der eigens freigehaltenen „Regierungsbank“ die Darbietungen der Palast-Artisten und Künstler. Nur 2004 blieb ihr Platz zunächst leer. Vier Termine an einem Abend, das war selbst für sie zu viel. Sie kam, wie Johnny Klinke dankbar vermerkt, mit Vorankündigung etwas später doch noch und brachte 15 europäische Kommunalpolitiker mit, die nachmittags im Römer zu Gast gewesen waren. Klinkes vorsichtig geäußerte Bedenken über Platzprobleme in seinem ausverkauften Etablissement im Gerichtsviertel habe die OB lächelnd beiseite gewischt: „So ist Frankfurt – so ist Europa.“

*

Gegen das fröhlich-bunte Völkchen um von Schoeler und Tom Koenigs nahm sich die Frankfurter CDU in diesen Jahren nach Wallmann langweilig, bieder und grau aus. Parteichef Karl-Heinz Trageser, in der CDU/FDP-Landesregierung noch fürs Soziale zuständig, oder Fraktionschef Horst Hemzal konnten jederzeit unerkannt über den Römerberg flanieren. Deshalb folgten sie dem von Helmut Kohl vorgegebenen neuen Kurs, endlich auch Frauen ans Ruder zu stellen, um das Gesicht der Partei zu verändern und neue Wählerschichten zu erschließen. Kanzler Kohl hatte sich gerade mit der Chemikerin Angela Merkel die erste Alibi-Frau aus dem Osten ins Kabinett geholt, Walter Wallmann hatte es während seiner Amtszeit als Ministerpräsident in Wiesbaden mit Waltraud Herrhausen versucht, der Witwe des charismatischen, 1989 von der RAF in seinem Wohnort Bad Homburg ermordeten Deutsche-Bank-Chefs Alfred Herrhausen. Übrigens leider weniger erfolgreich. Denn Traudl Herrhausen wurde von der Öffentlichkeit im Landtag kaum wahrgenommen und blieb Hinterbänklerin.

Auf einen Wink des damaligen Bundeskanzlers und CDU-Chefs trugen Trageser, Hemzal und Co. Petra Roth den Job als Spitzenkandidatin der Frankfurter CDU an. Zugleich rumorte es in der Partei, dass eine wie die Roth dafür sicherlich noch zu grün sei. Aber im Gegensatz zu ihren Vorstandskollegen hatte sich die attraktive Hanseatin in Frankfurt und ganz Hessen einen Namen gemacht und zuletzt als Sprecherin der CDU-Fraktion für Wohnungsbau, Städteplanung und Sport sowie als Mitglied im Innenausschuss des Landtags gute, nachprüfbare Arbeit geleistet. Die Bürger verbanden Roths Engagement mit Glaubwürdigkeit und Bodenhaftung.

Von Hasplern und großen Augenblicken

Dass CDU-Männer von Anfang an Frauen auf ihrem Weg in die Politik besonders unterstützt hätten, darf man kaum behaupten. Auch Petra Roth wurde von den Platzhirschen in Frankfurt anfangs genauso wenig ernst genommen wie ihre wenigen anderen hessischen Kolleginnen – Otti Geschka in der Opel-Stadt Rüsselsheim oder Margret Härtel im traditionell roten Hanau. Sie wurden zunächst als „Hausfrauen mit Ambitionen" verunglimpft. Petra Roth genoss gar den Ruf einer „Babbelschnut, die keinen geraden Satz herausbringt". Erst als die streitbaren Frauen ganz oben in der Stadthierarchie angekommen waren, rühmten ihre männlichen Kollegen plötzlich die hessische CDU als „Partei der starken Frauen".

Über Nacht waren die Vorurteile vergessen und die Tatsache, dass man die Roth erst nur als Notkandidatin akzeptierte, weil die gewünschte Bundesprominenz abgesagt hatte. Heute gibt das keiner mehr zu. Man muss schon tief ins Archiv steigen, um in alten Publikationen von 1992 die abwertenden Beurteilungen und Bemerkungen von so genannten Parteifreunden zu finden. Beispiel: „Ihr fehlen die notwendigen Qualitäten für das schwierige Amt der Verwaltungschefin im Römer" oder „die Frau, die ihre Kollegen mit hautengen Lederkostümen schockt". „Haspler" kreideten ihr Journalisten einer nicht gerade linkslastigen großen Zeitung an, spotteten über ihr „Lampenfieber" bei öffentlichen Auftritten.

Wer sie bei ihrer Ansprache zum 60. Jahrestag des Attentats auf Hitler am 20. Juli 2004 in der Frankfurter Paulskirche erlebt hat, kann solche eher bösartigen Unterstellungen keineswegs bestätigen. Sicher, sehr staatsmännisch und von großem Geschichtsbewusstsein getragen, sprach die Frankfurter Oberbürgermeisterin vor 1800 internationalen Gästen. Und wie schon bei ihren über zehn Reisen in die israelische Partnerstadt Tel Aviv spürte jeder ihre wahrhaftige Betroffenheit über die schrecklichen Verbrechen der Nazi-Diktatur. Als Graf Stauffenberg und seine Mitverschwörer nach dem fehlgeschlagenen Attentat im Berliner Bendler-Block hingerichtet wurden, war Petra Roth zwar noch ein Baby, aber mit ihrer Einschätzung, die Verschwörung der Offiziere gegen den Tyrannen sei „ein Zentralpunkt der neueren deutschen Geschichte und gleichzeitig ein ans Symbolische grenzender Akt enttäuschter Hoffnungen geworden", traf sie exakt den Nerv der Menschen, die sich zum Gedenken in Frankfurt versammelt hatten. Unter den gut 1800 Gästen der Feierstunde waren auch zahlreiche Überlebende der Konzentrationslager und des Widerstands sowie Angehörige von Widerstandskämpfern. Am 20. Juli 1944, sagte die Rednerin, hätten Menschen das Äußerste versucht, allerdings vergeblich. „Der 20. Juli war wichtig für die deutsche Identitätsbildung nach dem Zweiten Weltkrieg." Dieses Datum gehöre deshalb auch nach 60 Jahren zu den historischen Geschehnissen, die wieder verstärkt öffentlich wahrgenommen würden. „Wenn es Vorbilder für ein freies, demokratisches Deutschland geben kann, dann sind das die Frauen und Männer des Widerstandes."

Es war beileibe nicht ihre erste Rede in der Paulskirche, in der jedes Jahr auch der Friedenspreis des deutschen Buchhandels verliehen und gefeiert wird. So sprach sie zum Beispiel 1998 bei der Ehrung für den Schriftsteller Martin Walser, 2001 für den Philosophen und Soziologen Professor Jürgen Habermas, der lange in Frankfurt gelehrt und tiefe Spuren hinterlassen hat, oder 2003 für die inzwischen verstorbene US-Schriftstellerin Susan Sontag, die mit ihrem Land, seinen Bürgern und seiner Administration äußerst kritisch ins Gericht gegangen ist. Jedes Mal trägt die Oberbürgermeisterin zur selbst geschriebenen Rede ein elegantes Kostüm und die breite goldene Amtskette der Stadt. Frankreichs 1996 in Paris verstorbener Staatspräsident François Mitterrand hat sie so während einer Feier erlebt und später seinem Gastgeber, dem damaligen Bundeskanzler Kohl, vorgeschwärmt, dass es für ihn eine ganz neue Erfahrung gewesen sei, eine so kluge und elegante Frau als Oberbürgermeisterin einer so wichtigen Stadt getroffen zu haben. Die

Treffen mit Königin Sofia von Spanien

Franzosen ernannten sie 2001 zum „Offizier der Ehrenlegion", der höchsten Auszeichnung, die unser Nachbarland zu vergeben hat. Zur Verleihung war Außenminister Hubert Vedrine persönlich nach Frankfurt gekommen.

Auch andere hoch gestellte Persönlichkeiten machten der Chefin im Römer ihre Aufwartung. Zum Beispiel Königin Sofia von Spanien. Sie strahlte in ihrem zartrosa Kostüm mit der OB im schicken kleinen Schwarzen zur schweren Amtskette um die Wette. Die Goethe-Verehrerin Sofia war zum 250. Geburtstag des großen deutschen Universal-Genies an den Main gekommen. Beim festlichen Bankett traf die Tochter des letzten Königs von Griechenland einen alten Schulfreund: Mit dem ehemaligen

Rudolph Giuliani und seine Frau Judith treffen auf Petra Roth und Mutter Hannelore

Binding-Brauerei-Chef Alfred Mauritz hatte Sofia, damals noch als griechische Prinzessin, im weltbekannten Internat Salem die Schulbank gedrückt.

Und weil die Bürger von Manhattan und Mainhattan nicht erst seit Walter Wallmanns Auftritt bei der alljährlichen Steuben-Parade im September 1984 die eine oder andere Gemeinsamkeit festgestellt hatten, jettete New Yorks Ex-Bürgermeister Rudolph Giuliani mit Ehefrau Judith am 20. Oktober 2004 zum Gegenbesuch zu Petra Roths zahlreichen vorangegangenen Geschäfts-Visiten über den großen Teich – einen Tag bevor die Oberbürgermeisterin nach China abflog, um auch dort für Frankfurt und seine Wirtschaft neue Kontakte zu knüpfen. Im Goldenen Buch unterschrieb der Law-and-Order-Mann, dem es gelungen war, die Kriminalitätsrate New Yorks entscheidend zu drücken, mit „Your friend Rudolph Giuliani".

In Wirklichkeit liegen zwischen der Megastadt New York und der kleinsten deutschen Weltstadt Frankfurt natürlich Welten. Lediglich die für Deutschland einmalige Skyline, die durch einen weiteren Wolkenkratzer für die Europäische Zentralbank (EZB) noch eindrucksvoller wird, lassen in der Main-Metropole ein wenig Manhattan-Gefühl aufkommen. Petra Roth ist das auf ihren zahlreichen Reisen in die USA mehrfach vor Augen geführt worden. So hatte „Freund Giuliani" bei ihrer Visite im Jahre 1996 leider – kurzfristig entschuldigt – doch keine Zeit für die Kollegin aus dem kleinen Frankfurt, obwohl ein Termin fest vereinbart war. Aber auch schon 1984 hatte der damalige Bürgermeister Ed Koch für Walter Wallmann und dessen über 100 mitreisenden Frankfurter Bürger nur ein paar Minuten übrig, in denen er mit den Deutschen einige gemeinsame Schritte auf der berühmten Fifth Avenue am Kopf der Parade mitmarschierte. Ein Lächeln für die Fotografen links, eins nach rechts – das war's.

Trotzdem waren die von der Wirtschaftsförderung organisierten Reisen für die Oberbürgermeisterin beileibe keine Misserfolge. Auch in New York, wo an attraktiven Power-Frauen kein Mangel herrscht, hat sie sich mit den Waffen einer Frau Respekt und Gehör verschafft. Sie kommt an bei ihren amerikanischen Gesprächspartnern mit ihrer offenen, unverkrampften Art. Die

Petra Roth zusammen mit Jürgen Habermas

Herren der Hochfinanz schmeicheln ihr, loben ihr Aussehen, ihre Intelligenz. Und sie lobt den Standort Frankfurt, den international überragenden Flughafen mit rund 51 Millionen Passagieren im Jahr, den bedeutendsten Finanzplatz Europas, die kulturellen Highlights. Einen Zwischenruf, dass Frankfurt am Main den Unternehmen die höchste Gewerbesteuer abverlangt, pariert sie schlagfertig in fehlerfreiem Englisch: „Es war schon immer etwas teurer, einen besonderen Geschmack zu haben" – und hat die Lacher auf ihrer Seite.

Petra Roth mit Hartmut Mehdorn bei der Einweihung des ICEs „Frankfurt am Main"

... und wir haben Wowereit

Frankfurts vielseitigster Künstler, der Maler, Autor und TV-Produzent Ferry Ahrlé mit Zweit-Wohnsitz und -Arbeitsplatz in Berlin, kann dem großen Mitterrand und den anderen prominenten Frankfurt-Besuchern nur beipflichten: „‚Ihr habt eine großartige Oberbürgermeisterin', sagen meine Berliner Freunde etwas neidisch im Vergleich zu ihrem Regierenden Bürgermeister Klaus Wowereit. Recht haben sie. Diese Frau versteht es, in einer schwierigen politischen Konstellation ihren ‚Mann' zu stehen, wobei sie immer eine gut aussehende Dame bleibt. Sie ist eine starke Persönlichkeit und eine glänzende Repräsentantin ihrer Stadt.

Wenn sie mit ihrem festen Bremer Schritt im Römer auf das Rednerpult zugeht, strahlt sie Kraft und Sicherheit aus. Ihrer klaren, festen Stimme folgen die Zuhörer gespannt. Sie geht Probleme schnörkellos an, kämpft und schafft Vertrauen. Als sie noch Landtagsabgeordnete in Wiesbaden war, haben wir zusammen bei einem Freund im Sommer Gartenfeste gefeiert – oft bis zum Morgengrauen. Stets war sie fröhlich – und trinkfest."

Als veritabler Norddeutscher war ihr Lieblingsgetränk natürlich immer Pils. Besonders nach zeitraubenden Empfängen, bei denen nur Wein ausgeschenkt wurde, freut sich die Oberbürgermeisterin immer auf ein kühles Helles vom Fass. So auch nach einem Empfang der ehrenamtlichen Mandatsträger im Jahre 1996. Dabei kam Hans Beckmann durch die OB sogar zu einer teuren Krawatte: „Sie hatte mich und Professor Jürg Leipziger in die ‚Schirn', einer Eck-Kneipe an der Braubachstraße, eingeladen. Allerdings hatte sie etwas an unserem Outfit auszusetzen. Leipzigers Krawatte, fand sie, passe überhaupt nicht zu seinem Anzug. Deshalb schlug sie vor, wir sollten die Manneszier tauschen. Der Professor protestierte, seine sei ein teures Versace-Modell. Aber Petra bestand auf den Wechsel: ‚Die vom Hans ist sicher nicht billiger gewesen', argumentierte sie augenzwinkernd genauso überzeugend wie falsch. Nach dem Tausch war sie mit unserem Anblick offenbar höchst zufrieden. ‚Na bitte, geht doch, sieht prima aus.' Seitdem bin ich stolzer Besitzer eines sündhaft teueren Versace-Schlipses und Jürg Leipziger Eigentümer einer One-Dollar-Krawatte vom Nachtmarkt in Hongkong."

Mit Sekt und Wein ist Petra Roth auch heute noch kaum hinterm Ofen hervorzulocken. Und zum Schrecken der heimischen Winzer im Rheingau hält sie mit dieser Meinung auch nicht hinter dem Berg: „Ich mag das Zeug nicht", gestand sie Bahnchef Hartmut Mehdorn, als der ihr zur ICE-Taufe eine Flasche besten Riesling-Sektes in die Hand drückte. Bei offiziellen Anlässen lässt sie sich das natürlich längst nicht mehr anmerken. Schließlich produziert auch das Weingut der Stadt Frankfurt in Hochheim ausgesucht trockenen Schaumwein in Champagner-Gärung.

Paulskirche – Vorlage fürs Grundgesetz

Schon vor ihrer Amtszeit hat sie eine besondere Beziehung zur Paulskirche entwickelt. Aber erst recht, seitdem sie dort mehrmals im Jahr vor ein großes Auditorium tritt und täglich aus ihrem Arbeitszimmer auf dieses geschichtsträchtige Bauwerk blickt, in dem 1848 die Versuche scheiterten, in Deutschland eine Demokratie zu installieren. „Mit der 1848er Bewegung verbindet sich ein Komplex von Widersprüchen, Niederlagen und Erfolgen", sagt Petra Roth sehr nachdenklich. „Einheit und Freiheit, die Formulierung von Bürgerrechten, die Forderung nach dem allgemeinen Wahlrecht, wenn auch noch nicht für Frauen, vor allem aber die im besten Sinne republikanische Tradition unserer Stadt. Wenn die erste deutsche Nationalversammlung wirklich ein Professoren-Parlament war, dann waren diese Gelehrten auf jeden Fall Fleißarbeiter. Immerhin formulierten sie bis Dezember 1848 in 59 Artikeln die Grundrechte des Deutschen Volkes, und die waren mitnichten Schall und Rauch. Sie dienten sowohl der Weimarer Verfassung als auch unserem Grundgesetz als Vorbild."

Respekt, Frau Roth, Sie haben Ihre Abende beim Studieren der Ereignisse deutscher Geschichte wahrlich nicht vergeudet. Ihre Leidenschaft zum Lesen findet auch Professor Claus Helmer besonders bemerkenswert. Der Direktor der beiden erfolgreichen Privat-Bühnen „Komödie" und „Fritz-Remond-Theater" am Zoo lobt auch das außergewöhnliche Interesse Petra Roths an der Kultur: „Man muss einmal nach einer Theater-Aufführung erlebt haben, wie sie mit Intendanten, Schauspielern oder Regisseuren spricht. Das ist kein höflicher Small Talk, da geht's um Details der Inszenierung, um das Theater als solches und um dieses im Besonderen. So ist sie: unprätentiös, scharfsinnig, durchaus impulsiv, aber vor allem ohne Scheuklappen. Eine Oberbürgermeisterin, die gerne mit Menschen aller Schichten zusammen ist. Überhaupt zeichnet sie eine ungemeine Aufgeschlossenheit und Neugier aus. Sie will alles über das jeweilige Thema wissen, ob Institutionen oder Personen. Unabhängig von Rang, Namen oder gesellschaftlicher Stellung. So habe ich sie vor rund 25 Jahren als junge Stadtverordnete erlebt, später als Landtagsabgeordnete und seit bald 10 Jahren als Oberbürgermeisterin. Trotz eines mörderisch vollen Terminkalenders lässt sie sich auf Gesprächspartner ein, will sie immer mehr von ihnen wissen."

Petra Roth bei der Kinderstunde im Holzhausenschlösschen

Die Frankfurter CDU hat inzwischen erkannt, dass auch eine ohne Abitur und Studium Großes leisten kann und dass Petra Roth ein Glücksfall für Frankfurt ist. Vor 12 Jahren aber – das ließen einige Parteifreunde sie immer wieder spüren – hätten sich die Konservativen einen anderen Kandidaten gewünscht, so sie denn einen gefunden hätten. „Petra Roth galt zwar als schwach, aber sie hatte für jeden etwas", räumte ihr Frankfurter Parteifreund Hans-Günter Müller im Interview ein. Er, wie die gesamte CDU-Seilschaft, welche die blonde Norddeutsche damals eher notgedrungen ins Rennen schickte, hatte sich gründlich geirrt. Schon kurz nach ihrer Wahl zur Parteivorsitzenden lief die neue Spitzenfrau nicht mehr am Zügel der vermeintlichen grauen Eminenzen, sondern entwickelte eigene Ideen. „Wir müssen uns mehr dem Lebensgefühl unserer Mitmenschen und den Fragen unserer Zeit widmen. Die Parteien geben nicht zwangsläufig immer die besten Antworten auf die Probleme unserer Zeit. Deshalb müssen wir uns mit Fachleuten aus allen Gebieten zusammensetzen und deren Rat einholen: aus der Wirtschaft, aus der Verwaltung, aus dem sozialen Bereich. Eine Art Beirat als Denkfabrik."

In heißen Höschen zum Tee bei Bubis

Die alten Herren in der eher desolaten Frankfurter Union glaubten schließlich selbst, dass der neue Weg mit der neuen Spitzenfrau bei den Wählern ankommen könnte. Die Frauen-Power wurde deshalb mit den Kandidatinnen Karin Meulenbergh und Walburga Ziska sogar noch verstärkt. Die Namen der beiden Herren, die den fünfköpfigen Frankfurter Vorstand komplettierten, musste man sich nicht merken. Denn es war im Wesentlichen Petra Roth, die bestimmte, wie die CDU wieder stärkste Kraft werden sollte. Um der Chronistenpflicht Genüge zu tun: Die Herren heißen Karl-Heinz Bührmann und Manfred Sutter.

Ihre ebenfalls blonde, nur fünf Monate jüngere Rivalin Erika Steinbach-Herrmann (die Bundestagsabgeordnete, inzwischen Präsidentin der deutschen Vertriebenenverbände, strich später ihren Geburtsnamen Herrmann, um nicht in die Nähe von Grünen oder Sozialdemokratinnen gerückt zu werden), hielt sich in dieser Phase noch vornehm zurück und trat erst Jahre später gegen Roth an. Vergeblich. Roth und Steinbach hatten als junge Stadtverordnete ihre Büros direkt nebeneinander: „Ich habe die Petra immer bewundert, wie sie Mandat und Familie unter einen Hut brachte. Manchmal brachte sie ihre beiden damals noch kleinen Söhne mit. Die langweilten sich natürlich bei uns in den Büros, bis sie es raushatten, dass man in meinem Waschbecken herrlich mit Wasser spielen konnte."

Das war auch die Zeit, als sich Petra Roth schon mal bei der Wahl ihrer Kleidung vergriff. So war sie einer Einladung des Vorsitzenden der Jüdischen Gemeinde zum Tee in knallroten Hot Pants gefolgt. Den legendären Präsidenten Ignatz Bubis, im Nebenjob die graue Eminenz der Frankfurter

FDP, hatte das allerdings nicht gestört. Im Gegenteil, der inzwischen verstorbene Immobilien-Tycoon soll die braungebrannten Beine der jungen Stadtverordneten äußerst reizvoll gefunden haben. Solcherlei Fauxpas unterlaufen ihr natürlich schon lange nicht mehr. Die Oberbürgermeisterin gehört trotz ihrer Vorliebe für kräftige Farben seit Jahren zu Deutschlands best angezogenen Frauen. Ihre kanariengelbe, elegante Robe, die sie vor drei Jahren auf dem Frankfurter Opernball trug, fand der österreichische Skandal-Schauspieler Helmut Berger so aufregend, dass er ihr an die Wäsche gehen wollte. Nur mit Mühe konnte die sportliche Stadt-Chefin den betrunkenen Gast auf Distanz halten.

Apropos Ball. Auch beim Münchner Filmball ist Frankfurts Stadtoberhaupt öfter zu finden, seit sie mit ihrem Kollegen Christian Ude, SPD-OB in der Bayern-Metropole, über den Deutschen Städtetag so eng verbandelt ist. In Begleitung von Hilmar Hoffmann, dem ehemaligen Frankfurter Kulturdezernenten und späteren Präsidenten des weltweit agierenden Goethe-Institutes saß sie 1999 am Tisch des Filmproduzenten Luggi Waldleitner, als ihr ein Mann im Rollstuhl auffiel: „Das ist doch Bernhard Wicki", wunderte sie sich, weil der ehemals berühmte Schauspieler und Ausnahme-Regisseur offensichtlich einsam und so gut wie unbeachtet in seinem Gefährt hockte. Petra – berichtete Hilmar Hoffmann später – rückte mit ihrem Stuhl neben Wicki und unterhielt sich angeregt mit ihm, fast eine Stunde lang. Zeugen der Szene sagten, so glücklich hätte der Weltstar und Filmemacher („Die Brücke") lange nicht mehr ausgesehen. Kurz nach dem Zusammentreffen, im Januar 2000, ist Wicki 81-jährig gestorben.

*

Im Februar 1992, gleich nach ihrer Wahl, zeigte die neue Frankfurter CDU-Chefin dass sie zupacken u n d Brücken bauen kann. Sie holte mit wenigen Versöhnungsgesprächen die frustrierte Junge Union (JU) in den Schoß der Partei zurück. Die Nachwuchs-Politiker hatten angedroht, aus Frust über die müden Alten mit einer eigenen Liste zur Kommunalwahl anzutreten. Aber dank der neuen Chefin machten sie ihren Frieden mit der Partei. Und die blies gut ein Jahr vor dem Wahltermin zum Angriff auf Rot-

Grün: „Wir müssen bürgernäher und offener für Außenstehende werden. Wir dürfen nicht nur in eigenen Zirkeln diskutieren. Wir müssen rausgehen – auch in die Stadtteile und Vororte, wo die Bürger wohnen, die wir zurückgewinnen wollen. Nach meinen Erfahrungen warten die Leute darauf, weil sie sonst nicht erfahren, was wir im Römer-Parlament leisten."

Dass mit der neuen Parteichefin wohl auch bereits die Herausforderin für von Schoeler gekürt worden war, wies Roth damals weit von sich. Das geschah allerdings mehr aus Kalkül als aus Bescheidenheit. Wer es in der Union bis dahin noch nicht gemerkt hatte, dass die freundlich-charmante Ausstrahlung ihrer neuen Frontfrau nur die eine Seite der Medaille war, dem wurde langsam bewusst, dass Petra Roth ihre Forderungen an die Mitglieder mit großem Nachdruck und Hartnäckigkeit durchzusetzen pflegte. Für selbstzufriedene Beschaulichkeit ließ sie der Partei keine Chance mehr. Und sie selbst schonte sich sowieso nicht: Roths Grundsatz, die Suppe müsse genau so heiß gegessen werden, wie sie gekocht wurde, machte so manchem Mann in der CDU Angst, der vergessen hatte, dass mit einem von den Wählern übertragenen Mandat auch Arbeit verbunden ist. Viel Arbeit.

Dabei war die Mehrheit der CDU-Granden anfangs eher davon ausgegangen, dass männliche Wähler durch die unwiderstehliche Wirkung blonder Haare, blauer Augen und kurzer Röcke leichter zu gewinnen wären, als dass man sie von Roths Macher-Qualitäten überzeugen müsste. Doch ihre klare und ungestelzte Sprache strahlte so viel Glaubwürdigkeit und Bodenhaftung aus, dass nach jedem Auftritt der Frau Vorsitzenden in einem Ortsverband mindestens zwei Zuhörer um ein Beitrittsformular für die CDU baten. Beileibe nicht nur Männer.

Auch den politischen Gegnern im rot-grünen Lager, die mit Roths Wahl keinen neuen Anfang in der CDU erkennen wollten, blieb der Spott über die schöne Blonde bald im Halse stecken. Denn die neue CDU-Chefin packte sofort die heißesten Eisen an, die Frankfurt zu seinem miserablen Ruf in Deutschland verholfen hatten – als Hauptumschlagplatz für harte Drogen und Hauptstadt des Verbrechens. Keine andere Stadt in Deutschland meldete mehr Gewalt-, Drogen- und Eigentumsdelikte als Frankfurt am Main. Keine andere deutsche Stadt plagte sich mit einer solch allgegenwärtigen offenen Drogenszene, die Bürgern und Besuchern auf grausame Weise täglich die Verelendung der Süchtigen vor Augen führte. Gegen die vorherrschende Meinung in der eigenen Partei machte sich die CDU-Chefin für zentrale Drogen-Ambulanzen stark, für Methadon-Programme und Fixer-Stuben, in denen sich Junkies ihren Schuss setzen können, ohne Gefahr zu laufen, sich mit schweren Krankheiten zu infizieren.

Die Power-Frau informierte sich selbst in Frankfurts berüchtigtem Rotlichtviertel am Hauptbahnhof und bot dem überraschten SPD-Oberbürgermeister von Schoeler eine Art Sicherheitspakt an. Sie hatte ausgerechnet, dass der Stadt 200 Polizisten mehr für andere Aufgaben zur Verfügung stehen könnten, wenn die Polizei z. B. vom Objektschutz in den gefährdeten Innenstadt-Gebieten entbunden würden: „Wir müssen in der Stadt ein Klima schaffen, in dem sich Bürger und Wirtschaft sicher und wohl fühlen können."

Solche Aussagen kommen bei den Bürgern an – auch wenn jeder ahnte, dass diese Rechnung so einfach nicht aufgehen konnte. Vergleichbare Pläne hatte auch der in Frankfurt noch immer hochverehrte CDU-Oberbürgermeister Walter Wallmann. Aber auch er hatte sich im Ringen mit der übermächtigen Bürokratie Beulen und blaue Flecken geholt. Genau wie bei seinem Versuch, mit einer neuen Sperrgebietsverordnung das Rotlichtviertel vom Hauptbahnhof in Industriebrachen der Stadt zu verlagern. Den SPD-Nachfolgern war es nicht besser ergangen. Im Gegenteil. Aus allen deutschen Metropolen blickte man mitleidig nach Frankfurt, weil alle Versuche, die in der Innenstadt allgegenwärtige Drogenszene auszutrocknen, fehlschlugen. Bürger und Besucher wurden ungewollt fast täglich Zuschauer bei Polizei-Einsätzen, die als Frankfurter Jagdszenen zum geflügelten Wort wurden. Polizisten trieben bis zu 800 erbarmungswürdig ausgemergelte Gestalten in Scharen vor sich her. Die Taunusanlage, eigentlich als Naherholungsgebiet der Berufstätigen in der City geplant, gehörte Kleindealern und Süchtigen. Denn sobald sich die Rollkommandos der Polizei zurückzogen, hatte sich das Heer der Elenden ein paar hundert Meter weiter schon wieder gesammelt.

Eine Steilvorlage für die Wahlkämpferin Roth, die mit einer revolutionären Idee nicht nur den Amtsinhaber von Schoeler in die Enge trieb, sondern auch ihre eigenen Parteifreunde schockte. Dem Bundes-Drogenbeauftragten der Union, Eduard Lintner (CSU), versagte vor Aufregung die Stimme, als er ihre Forderung, unheilbar Süchtige zur Not vom Staat mit Heroin auf Krankenschein zu versorgen, verurteilte. Dabei schien es logisch, weil Schwerstabhängige so viel Geld für ihren Stoff brauchen, dass sie vor keiner Straftat zurückschrecken, um sich das Gift besorgen zu können: „Ein Süchtiger gehört in die Hände eines Arztes und nicht in die der Polizei." Eine Meinung, die damals in der CDU Helmut Kohls natürlich nicht mehrheitsfähig, aber – wie sich herausgestellt hat – dennoch vernünftig war.

Erst über 10 Jahre nach Roths überraschendem Vorstoß wurde ein entsprechendes Projekt verwirklicht – in Frankfurt und einigen anderen deutschen Großstädten. Im August 2003 konnte die Oberbürgermeisterin mit Hilfe der rot-grünen Bundesregierung eine „Heroin-Ambulanz" eröffnen. Gegen erheblichen Widerstand der Bürger im Frankfurter Ostend, die gegen die Schwerstabhängigen in ihrem Stadtteil mobilgemacht hatten. Sie lernten in Protestversammlungen eine ganz andere Oberbürgermeisterin kennen. Die nette, meist verbindlich auftretende Nummer eins zeigte den Mitbürgern unmissverständlich, dass sie sich von einem einmal eingeschlagenen Weg nicht abbringen lässt, wenn sie davon überzeugt ist, dass die Richtung stimmt.

Unter schwarz-braunem Verdacht

Trotz ihrer langen Erfahrung in der Kommunalpolitik musste die neue CDU-Chefin im Juni 1992 erkennen, wie sorgsam Spitzenpolitiker auf Zwischentöne bei Interviews achten müssen. Tagelang wurde sie nach einem Gespräch mit der Frankfurter Rundschau in die rechte Ecke gerückt. Sie hatte sich auf die Frage, ob sie es in Kauf nehme, wenn die Republikaner mit der Union gegen von Schoeler votieren sollten, nicht expressis verbis von den Rechten distanziert, sondern gesagt, dass man zur Abwahl von Schoelers in der Stadtverordnetenversammlung natürlich eine Mehrheit brauche. Nicht mehr, aber auch nicht weniger. Jede Veröffentlichung in den Zeitungen machte die Sache, die eigentlich ganz harmlos war, noch schlimmer. Petra Roth als weiblicher Lummer (ehemals rechtslastiger Berliner CDU-Innensenator), die offenbar skrupellos genug schien, den Pakt mit dem Teufel zu schließen, nur um an die Macht zu kommen. Schwarz-braune Hochzeitspläne hielten ihr die Gegner vor. Der grüne Fraktionschef im Hessischen Landtag und spätere Justizminister Rupert von Plottnitz forderte sogar einen parlamentarischen Untersuchungsausschuss, „um Frau Roths Winken mit dem braunen Zaunpfahl“ als politische Richtungswende der CDU entlarven zu können.

„Ich habe eine ganze Woche kaum eine Nacht geschlafen und über sechs Kilo abgenommen“, erinnert sich die Oberbürgermeisterin heute noch schaudernd. „Dass ausgerechnet ich in die rechtsextreme Ecke gerückt wurde, hat mich ungeheuer aufgewühlt. Die Schlagzeilen darüber waren ja sogar in Amerika zu lesen.“ Verzweifelt verwies die Spitzenkandidatin immer wieder auf den Wortlaut des Interviews. Wörtlich hatte sie gesagt: „Wer sich an der Abwahl beteiligt, ist heute nicht voraussehbar.“ Zugleich hatte sie in demselben Interview auch immer betont, dass Schönhubers Republikaner, die mit fast zehn Prozent ins Römer-Parlament eingezogen waren, nie ein politischer Partner der CDU sein könnten. Aber das wollten ihre Gegner nicht mehr hören. Sie sorgten für Tumulte im Römer und stellten angeblich sogar „nacktes Entsetzen bei der christlich-wertkonservativen Wählerschaft“ der Union fest.

Republikaner-Chef Schönhuber nutzte die Gunst der Stunde, schnell Öl ins Feuer zu schütten. Er und seine Gefolgsleute zollten der CDU-Frontfrau lauthals Beifall für ihr angeblich couragiertes Verhalten. Beifall von der falschen Seite, der auch für die ersten grauen Haare in Petra Roths blondem Haarschopf sorgte. Mit einem Befreiungsschlag beendete sie die tagelange Affäre, die eigentlich keine war: Mit der klaren Kampfansage für die Kommunalwahl gegen Rot-Grün: „Verliert der OB, muss er gehen und den Weg zur Direktwahl freimachen.“

Eine Woche später hat sie das Heft des Handelns wieder in der Hand. Denn beim Thema Schulden kann sie die Roten und Grünen wieder vor sich hertreiben. Die Finanzlage der Hauptstadt des Geldes war mindestens so trostlos wie 2004, die Wahlversprechen der damals neuen Herren im Römer konnten nicht gehalten werden. Und vor allem bei der Bekämpfung der Drogenszene schickt sich die konservative Kandidatin mit den liberalen Ansichten an, Rot-Grün links zu überholen. Petra Roth geht dahin, wo sich das menschliche Elend Frankfurts konzentriert – in die zertrampelten Rosengärten der Taunusanlage hinter dem Schiller-Standbild. Heroinsüchtige in allen Stadien des Verfalls lagern dort inmitten von Abfall und Exkrementen und haben nur einen Gedanken: Wie komme ich an den nächsten Schuss?

Es ist ein warmer Juli-Tag im Jahre 1992. Die OB-Kandidatin im rosa Kleid und Schlangenlederschuhen wirkt ein bisschen deplatziert in all dem sichtbaren Schmutz und Elend. Aber der schlimme Zustand der Park-Anlagen hat für Petra Roth längst keine Priorität mehr. Ihr Mitleid gilt den Menschen, die in ihrem Elend allein gelassen sind. 90 Prozent haben keine feste Bleibe, die meisten sind auch körperlich krank. Sie nennt die Alternativen:

„Entgiftung, betreutes Wohnen, betreute Arbeit und medizinische Indikationen für die, die nicht mehr resozialisierbar sind." Aber auch Platzverweise für Süchtige, die nicht aus Frankfurt stammen und nur anreisen, um sich hier mit Stoff zu versorgen. Und: keine Freigabe von Drogen. Auch nicht von Haschisch.

Der erneute Protestschrei der Bundes-CDU lässt nicht lange auf sich warten. Aber die Spitzenkandidatin lässt sich davon nicht beirren: „Diese kranken Menschen dürfen nicht länger durch die Stadt gehetzt werden." Sie will, so sie denn zum OB gewählt werden sollte, ein Konzept durchsetzen, das auf zwei Säulen ruht: Dealer sollen härter bestraft werden, um sie aus dem Verkehr ziehen zu können, Süchtige sollen medizinisch und therapeutisch betreut werden. Straffällig gewordene Fixer sollen zwangstherapiert werden, statt sie in Haft zu nehmen.

Zwar hatte der SPD-Statthalter Andreas von Schoeler schon vor ihr ähnliche Ziele formuliert, aber die versprochenen Hilfsangebote kamen nie. Mehr als die in der ganzen Republik unrühmlich bekannten Jagdszenen auf Fixer hatte der Magistrat nicht zu bieten. Das wiederum führte sogar dazu, dass sich die Szene noch einmal aufbäumte und in Flugblättern dem SPD-OB und den Frankfurter Geschäftsleuten androhte, sich über die ganze Innenstadt auszubreiten, Verkaufsräume als Drogenbunker und ihre Toiletten zum Spritzen zu benutzen. „Der Bürgermeister kann zwar die Szene zerschlagen, aber er kann uns nicht wegzaubern", hieß es in dem Flugblatt. Eine Drohung, die zumindest rund um den Hauptbahnhof zum Teil in die Tat umgesetzt wurde.

Mit Petra Roths Konzept ist inzwischen viel erreicht. Durch Fixerstuben, in denen die Süchtigen sich ohne Infektionsgefahr mit sauberen Spritzen ihren Schuss setzen können. Das Heer von über 800 verelendeten Schwerstabhängigen, die rund um den Hauptbahnhof und im Anlagen-Ring auf ihre Dealer warteten, ist verschwunden. Aber das Drogenproblem in der Stadt mit dem größten Flughafen Europas, mit Millionen Transit-Passagieren, ist natürlich geblieben – es ist nur weniger sichtbar.

15 Stunden Wahlkampf am Tag

Am 20. September 1992 nominierte die Frankfurter CDU Petra Roth zur OB-Kandidatin. Weit über 90 Prozent der Delegierten setzten darauf, dass sie im März 1993, vier Jahre nach dem Machtwechsel, den Römer für die Union zurückerobern werde. Mit einer mitreißenden Rede hatte sie auch die letzten Zweifler überzeugt. Engagiert, sachlich und hart. Und sie hatte zum wiederholten Mal betont, dass es zu den Rechtsauslegern, die sich Republikaner nannten und inzwischen längst in der Bedeutungslosigkeit versunken sind, keine Brücke gäbe.

Damals wie heute war es neben den Finanzen die Bildungspolitik, mit der die Parteien Punkte machen wollten. Und damals wie heute sind die Erfolge bescheiden – gemessen an den Ergebnissen der Pisa-Studien, die deutsche Schüler in den vergangenen Jahren allenfalls auf einem Mittelplatz sahen. Wie wichtig aber auch die Drogenpolitik als Wahlkampfthema vor allem in Frankfurt war, konnte man dem hektischen Aktionismus des amtierenden OB entnehmen. Am Tag nach der Roth-Nominierung startete von Schoeler eine Reihe von Bürgerversammlungen und erklärte, wie er des Problems Herr werden wollte. Der sonst so selbstsichere Stadt-Chef zeigte nach dem bundesweit beachteten Vorstoß seiner Herausforderin zum ersten Mal Nerven.

Fünf Monate Wahlkampf lähmten die Stadt. Politische Entscheidungen, wenn denn welche geplant waren, blieben auf der Strecke. Frankfurt wurstelte sich durch. Die Kandidatin war jeden Abend auf Achse. Die Union hatte ihr ein Auto mit Fahrer gestellt. Die Gastspiele zu Hause dauerten selten mehr als 90 Minuten. Es reichte, um ein paar Eier in die Pfanne zu

Nelson Mandela beim Eintrag in das Goldene Buch der Stadt

schlagen, Kartoffeln zu braten, ein bisschen Salat anzurichten und in Windeseile zu essen. Dann noch ein Küsschen für Ehemann Erwin und die Söhne Claudius und André – und ab ins Roth-Mobil, das mit laufender Maschine vor dem weiß verputzten Reihenhaus mit der braunen Holzblende im Neubaugebiet von Nieder-Erlenbach wartete.

Für die beiden fast erwachsenen jungen Männer hatte sich das Leben verändert, seit das Gesicht ihrer Mutter an vielen Haus- und Plakatwänden klebte und auf die Bürger herunterlächelte. Dabei war es ja beileibe nicht der erste Wahlkampf, den die beiden Jungen miterlebten. Aber es ist schon ein gewaltiger Unterschied, ob der vertraute Mensch, der einem morgens das Frühstück macht, als einer von vielen Kandidaten für den Landtag auftritt oder als Nummer eins der Partei, die in Frankfurt wieder den Oberbürgermeister stellen will. „Manchmal würde ich schon gern abtauchen“, gestand Claudius damals, der schon seine ersten Scheine als Student der Jurisprudenz bewältigt hatte. Er fühlte sich genervt, wenn die Leute von ihm glaubten, er müsse zu allem eine Meinung wie die der Mutter haben. „Ich will für mich gelten“, begehrte er im F. A. Z.-Interview auf, „und nicht nur als Sohn.“

Der Freundeskreis der Söhne, in dem sie sich unbefangen, sicher und unbelästigt fühlten, war kleiner geworden. Und beide waren heilfroh, dass Claudia Korenke, die PR-Agentin ihrer Mutter, sich davon hatte überzeugen lassen, auf bereits geplante Werbefotos „Kandidatin mit Familie“ zu verzichten. Trotzdem standen und stehen sie zu ihrer Mutter, und man hört heimliche Bewunderung heraus, wenn Claudius und André übereinstimmend feststellen, dass „sie uns mit ihrem Sachwissen an die Wand reden kann“ und dass sie sich nicht von den Wahlkampfmanagern graue Politikeranzüge verpassen ließ.

Auf den Fahrten zwischen den einzelnen Terminen geht sie ihre Reden noch einmal durch. Bloß nicht immer dasselbe sagen, ist ihre Devise. Für die CDU-Frauen in Sachsenhausen braucht sie keine Vorbereitung. Die hat sie im Griff, die hören ihr gebannt zu. Selbst die üblichen Besserwisser halten den Schnabel, wenn die Frau Vorsitzende sie ihre natürliche Autorität spüren lässt.

Anders geht es bei eher handverlesenen Akademikern zu. Die wollen Alternativen auf die ihrer Ansicht nach verfehlte Politik von Rot-Grün hören, lassen sich nicht mit flotten Sprüchen abspeisen, bohren nach. Und die Kandidatin zeigt, was sie inzwischen gelernt hat. Sie verspricht nichts, weist auf die desolate Finanzlage der Stadt hin, auf den Identitätsverlust der Bürger. Kurz vor 23 Uhr ist immer noch nicht Schluss. Die Roth hört sich die Sorgen einer allein erziehenden Mutter an, gibt anderen Recht, welche die verfehlte Schulpolitik von Rot-Grün anprangern.

Vor 250 Führungskräften aus dem Finanz- und Dienstleistungsgewerbe besteht sie auf Frankfurt als Standort für die geplante Europäische Zentralbank (EZB), besticht das hochvermögende Auditorium mit fundierten Detailkenntnissen und der Einschätzung, dass eine EZB weitere Institute anziehen und auch in anderen Branchen neue Arbeitsplätze schaffen würde. Der böse Satz eines CDU-Neiders, die eigene Kandidatin sei ziellos und schlecht informiert, zerplatzt wie eine Seifenblase.

Beim täglichen Wahl-Einsatz auf der Straße lässt sich die damals 48-Jährige weder von Regen noch durch Kälte bremsen. Rote Rosen verteilt sie an die Bürgerinnen. „CDU ist immer gut", dankt ihr eine ältere Frau im Zentrum von Fechenheim mit fast verschwörerischer Stimme – „Menschen, die christlich denken." Das überrascht sogar die Kandidatin, die sich über mangelnden Zuspruch eigentlich nicht beklagen kann. Aber Menschen mit derart fest gefügter Überzeugung begegnet man in der deutschen Metropole des Geldes und der Dienstleistungen selten.

Der tägliche 15-Stunden-Einsatz der Kandidatin trägt Früchte, auch wenn die Demoskopen der CDU-Chefin vier Wochen vor der Wahl nur geringe Chancen einräumen. Die Sozialdemokraten um Schoeler und Co. scheinen es besser zu wissen. Sie spüren, dass der Gegenwind täglich stärker wird und tragen sich kurz vor der Entscheidung sogar mit der Absicht, den neuen Magistrat auch mit Dezernenten aus dem schwarzen Lager zu besetzen. So wie es vor der Machtübernahme von Rudi Arndt und während der Wallmann-Regierung guter demokratischer Brauch in Frankfurt war. Die

Grünen sehen ihre Felle wegschwimmen und laufen Sturm gegen eine Neuauflage der traditionellen Römer-Koalition.

Dabei entscheidet die bevorstehende Wahl gar nicht direkt darüber, ob der SPD-OB Andreas von Schoeler seinen Platz im Römer möglicherweise für die CDU-Chefin räumen muss – auch wenn die bunten Plakate, mit den mehr oder weniger vorteilhaft ins Bild gesetzten Spitzenkandidaten der beiden großen Parteien, genau das dem unaufgeklärten Frankfurter Bürger vorgaukeln. Am 7. März 1993 geht es allein um die politischen Mehrheiten im Römer. Bleibt Rot-Grün am Drücker, oder wird die CDU wieder stärkste Kraft: Zum Showdown zwischen Roth und von Schoeler kann es nur reichen, wenn eine neue bürgerliche Mehrheit dem bis 1997 gewählten OB (und anderen hauptamtlichen Magistratsmitgliedern) die Macht entziehen kann und damit zum ersten Mal in der Geschichte der Stadt den Weg zur Direktwahl des Verwaltungschefs ebnet.

Andreas von Schoeler gratuliert Petra Roth zur Wahl der Stadtverordnetenvorsteherin

Ein paar hundert Stimmen fehlen

Eine Woche vor dem 7. März gibt sich der Titelverteidiger betont gelassen und versucht, die Herausforderin als Leichtgewicht abzuqualifizieren. Mit Sprüchen wie: „Damit nicht nur im Waldstadion Profis spielen“ oder „Es gibt noch Politiker, die etwas können“. Die gelernte Arzthelferin hat sich klammheimlich oft über die Arroganz des OB-Darstellers geärgert, der alle innerparteilichen Auseinandersetzungen der SPD einfach unter den Teppich fegte. Und sie hat sich manchmal gefragt, ob ihre Kampagne mit ihrem Bild als nachdenklich dreinblickender schöner Frau den Nerv der Bürger treffen würde. „Ideen, die zu Taten werden“ – lautete ihre Botschaft an die Bürger. Tatsächlich wurde das offenbar von vielen Frankfurtern besser verstanden, als die zur Schau getragene Überheblichkeit des Platzhalters.

Am Abend des 7. März hatte die CDU jedenfalls allen Grund ihre Kandidatin mit frenetischem Beifall zu feiern und immer wieder hochleben zu lassen. Sie waren wieder wer, die Schwarzen in der Geldhauptstadt: stärkste Kraft im Römer mit rund 33,4 Prozent. Die Sozialdemokraten fuhren mit knapp 32 Prozent ihr schlechtestes Ergebnis nach dem Krieg ein. Doch der Union fehlten ein paar hundert Wählerstimmen, um die rot-grünen Magistratsmitglieder und den Oberbürgermeister einfach abwählen zu können. Dafür schmückten sich die Frankfurter CDU-Granden nun mit einer Frau an der Spitze, die schon drei Wochen später im ersten Wahlgang zur Parlamentspräsidentin gekürt wurde. Stadtverordnetenvorsteherin heißt diese Position im Frankfurter Stadtparlament – laut Protokoll die absolute Nummer eins in der Stadt.

Im nachtblauen Kostüm nahm Petra Roth die Huldigungen von Freunden und Gegnern entgegen. Der Mann, auf dessen Job sie es trotz ihrer protokollarischen Spitzenstellung immer noch abgesehen hatte, gratulierte mit einem großen Frühlingsblumenstrauß: Oberbürgermeister Andreas von Schoeler. Zwei ausnehmend gut aussehende Menschen lächelten sich an und schauten sich in die Augen. Wobei man nicht auf den ersten Blick erkennen konnte, wer von ihnen das Kaninchen und wer die Schlange war ...

Auf jeden Fall war die Hoffnung der SPD, Petra Roth würde durch ihr neues hohes Amt parteipolitisch neutralisiert, verfrüht. Die Frankfurter Nummer eins hielt die Genossen erfolgreich hin, indem sie ihren Job als Partei-Chefin nicht sofort abgab, sondern lediglich „ruhen ließ", wie sie immer wieder betonte. Zwar gelten beide Ämter eigentlich als unvereinbar, aber die Sozialdemokraten warteten vergeblich auf den einen oder anderen Fehltritt Roths. Dafür war sie nun in der Stadt mindestens so präsent wie OB von Schoeler. Sie eröffnete Kongresse, redete bei Volksfesten, empfing Wirtschafts- oder Sport-Delegationen aus der ganzen Welt. Das kam ihrer Suche nach noch mehr Popularität entgegen. „Das Amt", sagte sie damals, und lächelte ungewohnt bescheiden, „hat einen erheblichen Repräsentationswert für die Stadt." Vor allem aber für sie selbst. Auch wenn es ihr verwehrt war, im Parlament dem Magistrat die Leviten zu lesen. Im kleinen Kreis legte sie die falsche Bescheidenheit ab und machte deutlich, dass sie ihr Ziel, den OB abzulösen, keineswegs aus dem Blickfeld verloren hatte. „Ich sehe mich als Kandidatin für ein Spitzenamt, die im ersten Anlauf nicht gleich den vollen Erfolg hatte, in guter Gesellschaft."

Der Tod der Spatzen

Ihr Kalkül, dass neuer Krach in der rot-grünen Koalition von Schoeler dazu treiben könnte, sich in einer Direktwahl zu einer Art Alleinherrscher aufschwingen zu wollen und dabei auf die Nase zu fallen, geht schneller auf als erwartet. Bei Rot-Grün ist im Spätsommer Feuer am Dach. Es entzündet sich an einem handfesten Streit um die Berufung eines neuen Umweltdezernenten. Stadtkämmerer Tom Koenigs, damals der ranghöchste Frankfurter Grüne, verbindet mit der Installierung des von den Sozialdemokraten abgelehnten Ex-Fundis Lutz Sikorski die Koalitionsfrage. Koenigs vieldeutiges Orakel „Wenn der Himmel einstürzt, sind alle Spatzen tot" gewinnt für Roth und Co. eine ganz besondere Bedeutung.

Die CDU-Chefin hatte instinktsicher die Fallstricke einer von Joschka Fischer inszenierten grün-schwarzen Ehe-Anbahnung erkannt: „Ich wäre bescheuert, wenn ich mich als Bürgermeisterin in den rot-grünen Magistrat wählen ließe. Die Frankfurter würden das nicht verstehen." Deshalb wiesen Roth und die CDU jede Mitarbeit im hauptamtlichen Magistrat ab und trieben Rot-Grün weiter in die Enge: „Die sollen ihre Probleme ohne Unions-Hilfe lösen." Eine taktisch kluge Entscheidung, denn die Wahl des Grünen Lutz Sikorski zum neuen Umweltdezernenten scheiterte zweimal, der Magistrat wurde zunehmend handlungsunfähig, der SPD liefen scharenweise die Mitglieder davon.

Petra Roth witterte mit sicherem politischen Gespür ihre Chance, das rot-grüne Bündnis vor der nächsten Kommunalwahl (1997) bereits aus den Angeln heben zu können. Zur großen Überraschung ihrer Frankfurter Parteifreunde kündigte sie Anfang Dezember 1993 ihren Rückzug als Parlamentspräsidentin zum kommenden Februar an, um sich voll und ganz wieder ihrem Job als CDU-Chefin zu widmen. Die CDU-Herrenriege war zunächst irritiert und wollte nicht wahrhaben, dass sie sich von ihrem hohen Amt geknebelt fühlte. Immer wenn sie dem OB gern den Marsch geblasen hätte, durfte sie es nicht. Den alten Männern um die ehemaligen Dezernenten Heinz Daum und Bernhard Mihm schien zu diesem Zeitpunkt wichtiger zu sein, mit ihrer Nummer eins als Stadtverordnetenvorsteherin wieder so viel erreicht zu haben. Nur die Frauenpower-Gruppe hatte die Beweggründe ihrer Chefin verstanden. Karin Meulenbergh, Vize in der Fraktion, lobte: „Petra Roth ist unser Zugpferd. Deshalb brauchen wir sie als Partei-Chefin. Wenn sie schon ein Amt aufgeben muss, dann das der Parlamentschefin."

Den damaligen Bundeskanzler Helmut Kohl hatte Petra Roth vorher eingeweiht, auch Ex-OB Walter Wallmann und einige wenige Vertraute. Die Not des rot-grünen Magistrats, der sich selbst in eine Sackgasse manövriert hatte, war eigentlich ja auch nicht zu übersehen. Von Schoelers SPD wurstelte seit der Kommunalwahl neben den Grünen her, die mit ihrem Kämmerer Koenigs, der einst sein Millionen-Erbe an die Sandinisten in Nicaragua verschenkt hatte, längst das Heft des Handelns an sich gerissen hatten. Zwar wackelte von Schoeler noch nicht, aber er hütete sich, irgendwo selbst einzugreifen, um nicht von seinen zerstrittenen Genossen zerrieben zu werden. Bei geheimen Abstimmungen in der Stadtverordnetenversammlung bekam der OB keine Mehrheit mehr hinter sich, wie das Beispiel Sikorski bewiesen hatte. Andreas von Schoeler hatte den Abschuss seines Vorgängers Volker Hauff aus den eigenen Reihen noch überdeutlich in Erinnerung. Das Koenigs-Orakel von den sterbenden Spatzen schien sich für Rot-Grün über kurz oder lang zu erfüllen.

Schoeler – der tiefe Fall

Deshalb war Petra Roths Verzicht auf den eher überparteilichen Präsidentensessel im Parlament, der sie zur politischen Sprachlosigkeit verurteilte, nur konsequent. Jetzt konnte sie wieder befreit zum Angriff auf den OB blasen und Tom Koenigs Streich-Orgien gegen Vereine, die Alte Oper, gegen Schauspielhaus und das weltberühmte, von Walter Wallmann mit Millionen geförderte Museumsufer verdammen. Rot-Grün, das hatten viele Frankfurter inzwischen eingesehen, regierte erfolgreich g e g e n Wirtschaft und Arbeitsplätze, und es wurde hohe Zeit, dass sich die Opposition endlich aus der Lethargie befreite. Es wurde Zeit für den erneuten Angriff der Frau, die versprochen hatte, „aus Ideen Taten werden zu lassen".

Zwei Monate nach dem Tod ihres Mannes, kurz nach ihrem 50. Geburtstag, den sie ganz still mit ihren Söhnen bei ihrer Mutter und ihrem Bruder in Bremen begangen hatte, machte Petra Roth erneut gegen Andreas von Schoeler und seinen rot-grünen Magistrat mobil. Sie hatte ihre Chancen bereits ausgelotet, als einige Parteifreunde noch darüber nachdachten, ob man wenn schon nicht mit Fischers Grünen, dann wenigstens mit den rechten Kanalarbeitern in der SPD gemeinsame Sache machen könnte. Die bevorstehende Wiederwahl des Bürgermeisters und einiger Dezernenten eröffneten der CDU-Chefin jedoch ganz andere Perspektiven. Denn jeder dieser Wahlgänge musste beim desolaten Zustand der rot-grünen Koalition zur Zitterpartie geraten. Immerhin war es ein offenes Geheimnis, dass die Koalitionäre sich darüber im Klaren waren, bei geheimen Wahlen zu Personalentscheidungen keine sicheren Mehrheiten zu haben.

Das und die katastrophale Finanzsituation der Stadt führen schließlich dazu, dass von Schoeler im Laufe des Jahres signalisiert, sich möglicherweise in einer Direktwahl noch vor dem Kommunalwahl-Termin 1997 der Herausforderin zu stellen. Zwar ist das eigentlich als Druckmittel gegen das eigene Lager gedacht, sich nicht weiterhin gegenseitig zu zerfleischen, aber er kann die Geister, die er rief, nicht mehr aufhalten. Als die Wiederwahl der grünen Gesundheitsdezernentin Margarethe Nimsch scheitert, kündigen die Grünen die Koalition mit der SPD auf. Aus Protest gegen die Abweichler lässt sich OB von Schoeler am 19. April 1995 vom Parlament abwählen, um den Weg zur Direktwahl frei zu machen ... damals noch voller Zuversicht, der Unions-Frau ihre Grenzen aufzuzeigen.

Das Ergebnis ist bekannt: Seit dem 25. Juni 1995 steht in Frankfurt – das erste Mal in seiner langen Geschichte – eine Frau an der Spitze. Der geschlagene Polit-Profi Andreas von Schoeler verschwindet von heute auf morgen in der Versenkung und taucht in der Öffentlichkeit so gut wie nicht mehr auf.

Seine strahlende Nachfolgerin muss gegen eine Mehrheit im Parlament regieren. Aber schon fünf Monate nach ihrer sensationellen Wahl bescheinigen ihr Medien und Bürger, taktische Wunder bewirkt zu haben: Die Reptile in der Schlangengrube Stadtverordnetenversammlung tanzen nach ihrer Pfeife. Ihr Meisterstück gelingt bereits bei der Wahl der neuen, von ihr vorgeschlagenen CDU-Dezernenten: Udo Corts, Horst Hemzal und Albrecht Glaser finden in den Fraktionen von SPD und CDU die notwendigen Mehrheiten, die den Grünen Lutz Sikorski und Margarethe Nimsch vorher versagt blieben, die dadurch von Schoeler scheitern ließen.

Mit dem damaligen Frankfurter Polizeipräsidenten Wolfhard Hoffmann, der kurz vor ihrer Wahl im Frühjahr 1995 von Wiesbaden nach Frankfurt gewechselt war, machte sie das Thema Sicherheit und Ordnung in der Stadt zur Chefsache. Hoffmann: „Ich habe es sehr begrüßt, dass die Oberbürgermeisterin alles daransetzte, das Sicherheitsimage von Frankfurt aufzupolieren. Das ist uns auch relativ schnell gelungen, wenn man bedenkt, welch schlechter Ruf der Stadt damals vorausging. Wir hatten sehr viele gute Gespräche über rechtliche und operative Möglichkeiten, wozu sie sich regelmäßig auch die notwendige Zeit nahm. Es schien für sie zunächst nicht einfach zu handhaben sein, dass die vollzugspolizeilichen Angelegenheiten nun mal Sache des Landes und nicht der Kommune sind. Unsere Zusammenarbeit war aber aus meiner Sicht hervorragend, und mit ihren Möglichkeiten der Ordnungsbehörde und ihrer Hilfspolizei wurde meine polizeiliche Arbeit hervorragend unterstützt und ergänzt. Mitunter hatte ich den persönlichen Eindruck, dass sie manchmal am liebsten auch selbst Polizeipräsident gewesen wäre."

Leichter wurde das Regieren trotz der Anfangserfolge der frisch gebackenen Oberbürgermeisterin nicht. Zu hoch ist der Schuldenberg. Und die Aussichten, mehr Geld in Infrastruktur, Kultur und Bildungswesen investieren zu können, sind bis heute nicht etwa besser geworden. Im September 1996 kommt es zum großen Krach um den schier unbezahlbaren Kultur-Etat. Die aus Berlin auf Empfehlung des damaligen SPD-Generals Peter Glotz nach Frankfurt gekommene sozialdemokratische Kulturdezernentin Linda Reisch legt sich quer. Dabei hatte sie sich bereits mit ihrem Parteifreund Andreas von Schoeler über ein rigides Sparprogramm zerstritten. Auch von der neuen CDU-Oberbürgermeisterin lässt sich Reisch nicht dazu drängen, rechtzeitig ein neues, vom Magistrat einstimmig gefordertes Management-Konzept für den millionenteuren Frankfurter Kulturbetrieb zu entwickeln und vorzulegen – mit dem Ziel, auf lange Sicht einige Millionen einzusparen.

„Reisch scheint bei der komplizierten Materie den Überblick verloren zu haben und gefährdet die Frankfurter Oper", kritisierte Petra Roth die Dezernentin öffentlich. Dabei hatte sie der Sozialdemokratin kurz vor ihrer Wahl noch ihr absolutes Vertrauen signalisiert. Weil aber Oberbürgermeister nach der hessischen Gemeindeordnung einen Dezernenten nicht einfach feuern können – wie es beispielsweise der Bundeskanzler mit einem unliebsamen Minister macht –, konnte sie der unbotmäßigen Kollegin nach monatelangem Gezerre nur die Kompetenzen für die unter strengem Spardiktat stehenden städtischen Bühnen entziehen und den Job zusätzlich selbst übernehmen. Die Ansichten darüber, ob vieles dadurch besser geworden ist im Frankfurter Kulturbetrieb, gehen weit auseinander, über alle Parteigrenzen hinaus. Immerhin haben die großen städtischen Bühnen mittelfristig an Planungssicherheit gewonnen – auf Kosten von Ballett und Theater am Turm.

Den Tod des experimentierfreudigen Theaters am Turm (TAT), in dem einst Rainer Werner Fassbinder große Erfolge feierte, haben auch enge Freunde aus der Kulturszene der Oberbürgermeisterin übel genommen, ebenso das (vorläufige?) Ende von Forsythes international berühmter Ballett-Compagnie. An Ratschlägen, notwendige Einsparungen anders umzusetzen, hat es nicht gefehlt. Anstatt die großen Staatsbühnen mit 25 Millionen Euro mehr auszustatten, hätte der Magistrat ein paar jungen Wilden mit vier oder fünf Millionen Euro die Chance geben müssen, das TAT zu retten, glaubt Ex-Schauspiel-Intendant Peter Eschberg. Hilmar Hoffmann, der in seiner Zeit als Kulturdezernent in der Wallmann-Administration aus dem Vollen schöpfen konnte, vertritt eine ganz andere Meinung. Der profilierte SPD-Politiker, der später als Präsident des Goethe-Institutes internationales Ansehen genoss, zollt der CDU-Oberbürgermeisterin größten Respekt für die Sanierung des Frankfurter Kulturbetriebs: „Mit einer gehörigen Portion Urteilskraft hat sie den havarierenden Bühnentanker wieder flottgemacht und auf Erfolgskurs manövriert. Sie hat das Risiko und die unvermeidlichen Anfeindungen von Freund und Feind nicht gescheut. Zum Frankfurter Angebot einer Kultur für alle gehört nicht nur das gut beleuchtete Museumsufer, gehören nicht nur die freien und privaten Theater oder das Konzerthaus Alte Oper, die Kunsthalle Schirn oder der Mousonturm sowie die vielen Bibliotheken und Bürgerhäuser. Petra Roth hat bei knappen Kassen im so genannten Römerbündnis mit Herzblut erfolgreich für den Erhalt der kulturellen Vielfalt gestritten. Die Existenz der Institute ist mit über neun Prozent vom städtischen Haushalt gesichert. Ein Spitzensatz unter deutschen Kommunen und ein Vorbild für den Städtetag, wodurch sie sich als dessen Präsidentin zusätzlich zu legitimieren wusste."

Zum Vergleich: Berlin und Hamburg geben zwei Prozent ihres Etats für Kultur aus, das hoch gelobte München gerade mal drei. Zu ihrem 60. Geburtstag stellte Sozialdemokrat Hoffmann die Oberbürgermeisterin verbal geradezu auf einen Sockel: „In den glorreichen Annalen der Stadt Frankfurt am Main wird Petra Roth in der seit Karl dem Großen an brillanten Köpfen wahrlich nicht Not leidenden Stadthistorie einmal als luzider Glücksfall leuchten."

Nach so viel Wortgewalt, die den Adressaten schon mal übermütig werden lassen könnte, zurück zur profanen Wirklichkeit Frankfurter Stadtpolitik unter schwierigsten Umständen: Nach sieben (!) zähen Verhandlungsjah-

Mit Bundeskanzler Gerhard Schröder und Siegfried Unseld

ren war im August 2004 ein in Deutschland einmaliges Kultur-Projekt endlich in trockenen Tüchern – eine Bühnen GmbH, die den Intendanten der städtischen Häuser weitgehende Autonomie für ihren Betrieb und ihre Personalentscheidungen bescherte.

Zwar erwartet der Magistrat dadurch auf lange Sicht auch niedrigere Kostenzuschüsse aus dem Stadtsäckel, aber das bleibt wohl ein frommer Wunsch. CDU-Stadträtin Dr. Helga Budde weiß, warum: „Die Verträge lassen den Intendanten noch zu viele Freiräume. Allen voran der Schauspiel-Chefin Elisabeth Schweeger. Hinzu kommt, dass der von der Gewerkschaft majorisierte Personalrat alle Änderungen zunächst mal blockiert hat, obwohl die sozialdemokratischen Stadtverordneten und Magistratsmitglieder dem Projekt sehr positiv gegenüberstehen." Die Personalvertretung der Bühnen hatte sich jahrelang standhaft geweigert, der neuen Rechtsform zuzustimmen. Von den fast 1000 Mitarbeitern waren beim Start fast 700 immer noch nicht bereit, Arbeitsverträge mit der neuen GmbH zu schließen.

Dennoch scheint das Konstrukt langsam zu funktionieren. Helga Budde, von Anfang an federführend mit der GmbH-Ausgestaltung beschäftigt, ist zwar noch lange nicht zufrieden, hat aber die Hoffnung auf weitere Besserung nicht aufgegeben, weil die Politik aus dem Tagesgeschäft weitgehend ausgeschaltet ist. „Besonders der Aufsichtsrat, mit dem Präsidenten der Frankfurter Industrie- und Handelskammer (IHK) Dr. Joachim von Harbou neben der Oberbürgermeisterin an der Spitze, leistet gute Arbeit."

Der IHK-Chef sieht denn auch das Ziel des Gremiums darin, das jetzige Niveau der städtischen Bühnen zu halten: „Auch mit privaten Sponsoren. Wir waren in unseren Gesprächen mit dem international arbeitenden Bad Homburger Konzern Altana auch schon ziemlich weit gekommen", bedauert von Harbou, „aber Kulturdezernent Bernhard Nordhoff legte sich quer. 10 Millionen Euro wollte Altana ins Geschäft stecken und beharrte dafür natürlich auch auf einem Sitz im Aufsichtsrat, um mitbestimmen zu können, wie und für welche Produktionen das Konzerngeld angelegt wird. Das war dem SPD-Stadtrat nicht recht."

Von Harbou spricht es zwar nicht aus, aber man spürt, dass auch er hofft, die Oberbürgermeisterin könnte dem Sozialdemokraten wieder einige Kompetenzen entziehen, wie sie es weiland schon bei dessen Vorgängerin vorexerziert hatte.

*

Ein Jahr nach Linda Reisch, die in Frankfurt geblieben ist und inzwischen immer wieder mit privaten Kultur-Projekten reüssiert, machte der damals ungekrönte König der Frankfurter Grünen unliebsame Erfahrungen mit der Führungskraft der Oberbürgermeisterin: Sie entzog Kämmerer Tom Koenigs die Kompetenzen für die Finanzen und ließ ihm lediglich das Umweltressort. Den notwendigen Rückenwind für diese Entscheidung bekam sie durch das Ergebnis der hessischen Kommunalwahl im März 1997 – mit einem Plus von 2,9 Prozent kam die Römer-CDU auf 36,3 Prozent. In der Partei hielt ihr bis dahin ihr wichtigster Förderer und Mentor den Rücken frei: Walter Wallmann war noch einmal als CDU-Chef ins Geschirr gegangen, obwohl er klammheimlich darüber verstimmt war, dass ihn die Oberbürgermeisterin weder als ständigen Berater in Anspruch nahm noch dafür gesorgt hat, dass ihm – anders als Helmut Kohl – die Ehrenbürgerwürde verliehen wurde. Sie war von Anfang an ihren eigenen Weg gegangen.

Wallmann machte 1997 den Weg an der Parteispitze für einen Jüngeren frei, den er selbst 1995 aus dem Bonner Bundespresseamt als Stadtrat an den Main empfohlen hatte: Udo Corts (50), geborener Hanseat aus Lübeck und wohl nicht nur deshalb bald enger Vertrauter der Oberbürgermeisterin, ist seit 2003 Wissenschaftsminister in der mit absoluter Mehrheit regierenden Hessischen Landesregierung unter Roland Koch.

Seit Juli 1997 trägt Deutschlands attraktivste Stadt-Chefin auf beiden Schultern: Die Hanseatin aus Bremen wurde in der Hansestadt Hamburg zur neuen Präsidentin des Deutschen Städtetages gewählt – als Nachfolgerin von Karlsruhes OB Gerhard Zeiler. Ein bundespolitisches Spitzenamt, aber ein eigentlich undankbarer Job, der sie auch immer wieder in die Hauptstadt Berlin führt, wenn sie von der Bundesregierung mehr Geld und Hilfe für die deutschen Kommunen einfordert oder den Bürgern deutscher Städte zumutet, angesichts der leeren Kassen zum Beispiel ihre Straßen selber zu fegen, um die Kosten für die Straßenreinigung zu reduzieren ...

Dabei gerät sie zunächst mit ihrem Förderer und Freund Helmut Kohl genauso über Kreuz wie später mit Kanzler Schröder, weil sie für die ständig steigenden Sozialetats der Städte einen entsprechenden Ausgleich aus dem Steuertopf verlangt: „Wenn die Städte durch die Steuer-Reform ausgezehrt werden, dürfen die Schlagzeilen nicht kleiner sein, als wenn Goldreserven höher bewertet werden", legte sie sich auch mit ihrem bayerischen Unionskollegen, dem damaligen Finanzminister Theo Waigel (CSU), an.

Und weil ihr Nachfolger (von Mai 1999 bis Mai 2002), der Saarbrücker OB Hajo Hoffmann, wegen Untreue verurteilt wurde und zurücktreten musste, wurde Petra Roth noch einmal bis 2005 gewählt – als ob sie in Frankfurt nicht genug zu tun hätte. Gemeinsam mit ihrem Stellvertreter, Münchens SPD-Oberbürgermeister Christian Ude, der im Frühjahr 2005 das schwere Zusatz-Amt als Ober-Lobbyist für die deutschen Städte in Berlin übernahm, prangerte sie immer wieder die dramatische Finanznot der Städte an und drängte auf die schnelle Ausarbeitung einer Gemeindefinanzreform. Ude und Roth bezifferten den aktuellen Finanzbedarf der Kommunen auf zehn Milliarden Euro. Die 5700 Kommunen fordern angesichts der großen Einbußen bei der Gewerbesteuer, die von der rot-grünen Bundesregierung auf 30 Prozent erhöhte Gewerbesteuerumlage für den Bund wieder auf 20 Prozent zu senken und Korrekturen im Sozialbereich, weil sich die hoch verschuldeten Kommunen nicht mehr in der Lage sehen, den Löwenanteil dieser Kosten zu tragen.

Messe-Stadt: Deutsche Bank blitzt ab

Die Frankfurter Sozialdemokraten hatten 1997 ihre schwere Niederlage zum Anlass genommen, sich ohne Vorbedingungen mit der CDU auf eine politische Zusammenarbeit zu einigen. De facto eine große Koalition also, auch wenn beide Parteien das vehement bestritten. Der Burgfriede, so war es ausgemacht, sollte bis 2001 halten – also bis zum Ende der ersten Amtszeit der Oberbürgermeisterin. Die Grünen mussten machtlos zuschauen, wie Schwarz-Rot den Autobahnring im Osten der Stadt mit dem Bau eines Tunnels unter dem Riederwald schloss. Zum Nachteil allerlei angeblich seltener Hamster oder Falter, aber zum Vorteil vieler Menschen, die von Lärm und Gestank des Schwerlastverkehrs befreit wurden, der die östlichen Stadtteile nun umfahren kann.

Ein anderes großes Projekt war die Planung einer neuen Messe-Stadt auf dem weitläufigen Gelände des ehemaligen Güterbahnhofs im Gallusviertel, für das die größte Bank 1999 ein eigenes Konzept erarbeitet hatte. Eine Art Geschäftsführung ohne Auftrag der Stadt. Doch die Oberbürgermeisterin spielte nicht mit. Aus den obersten Stockwerken der blau schimmernden Zwillingstürme der Deutschen Bank blickten die Manager ungläubig auf das grüne Römer-Dach, unter dem die Zugereiste aus Bremen es wagte, das großmütige Angebot der Banker einfach abzulehnen. Die Herren des Geldes hatten ohne jede Absprache mit den Stadtplanern das 6,5 Milliarden teure Modell eines neuen Messe-Stadtteils gebastelt. Weder die Finanzierung noch die Vorgaben der Stadt für eine Bebauung hatten die Deutsch-Banker berücksichtigt. Als sie endlich verstanden, dass Hilfe in dieser Form unerwünscht war, zogen sie ihr „Angebot“ grollend zurück und ließen die OB durch die Blume wissen, sie werde schon sehen, was sie davon habe.

Die drittgrößte Messe der Welt ist auch ohne die Banker mit beeindruckenden Neubauten weiter gewachsen. Im neuen Zentrum fasziniert Besucher und Aussteller das neue futuristische „Forum“ aus Stahl und Glas, das mit allen Hallen und auch mit der Festhalle direkt verbunden ist. Und der Riese dehnt sich weiter aus: Die letzten Freiflächen werden ab 2006 mit zwei neuen Messehallen und neuer Straßenführung durchs Gelände für mindestens 300 Millionen Euro überbaut.

Gleichwohl gibt es in der Stadt Bestrebungen, den 60-Prozent-Anteil Frankfurts – 40 Prozent gehören dem Land Hessen – zum Teil zu privatisieren. Doch die SPD hat den Vorstoß von CDU, FDP und Grünen schroff zurückgewiesen. Kämmerer Horst Hemzal, der Kurier der Oberbürgermeisterin, ruderte deshalb auch erst mal zurück und rügte die Voreiligkeit des Messe-Chefs Michael von Zitzewitz, der sich ohne Rückendeckung der Stadtregierung nach Kooperationspartnern umgesehen hatte. Das Thema ist nun zwar aufgeschoben (bis nach der nächsten Kommunalwahl), aber keineswegs aufgehoben.

Spendensumpf lässt Römerbündnis platzen

Die im Grunde gute Zusammenarbeit zwischen CDU und SPD hielt nicht wie verabredet bis 2001. Als Ende 1999 scheibchenweise der Partei-Spendenskandal der CDU um Altkanzler Kohl ans Licht kam, bliesen die Sozialdemokraten zunächst im Bund zum Angriff auf die Union. Anfang 2000 weitete sich die Affäre aus, nachdem auch in Hessen finstere Machenschaften der CDU-Spitze um Ex-Innenminister Manfred Kanther durchsickerten, die auch den Ministerpräsidenten Roland Koch in Schwierigkeiten brachten und seine Behauptung, er würde die Hintergründe „brutalst möglich" aufklären, in ein schiefes Licht rückten. Die als jüdische Vermächtnisse getarnten, von Manfred Kanther, CDU-Schatzmeister Casimir Prinz zu Sayn-Wittgenstein und Finanzberater Horst Weyrauch vor gut 20 Jahren in der Schweiz und Liechtenstein angelegten Schwarzgeldkonten brachten die gesamte Union ins Wanken. Die finanziellen Folgen sind durch die hohen Strafgeldzahlungen von 21 Millionen Euro an die Bundestagsverwaltung, die Bundestagspräsident Wolfgang Thierse verhängte, noch nicht überwunden.

Aus dem geheimen Auslandsguthaben hatte die Hessen-CDU unter anderem fast zwei Jahrzehnte lang Wahlkämpfe mitfinanziert – auch den siegreichen des amtierenden Ministerpräsidenten und hessischen CDU-Chefs Roland Koch im Jahr 1999. Der Skandal brachte Koch zwar an den Rand des Rücktritts, aber ein Untersuchungsausschuss des Wiesbadener Landtags konnte ihm keine Mitwisserschaft nachweisen. Auch Petra Roths Wahlkämpfe in Frankfurt wurden von der Landespartei bezuschusst. Aber einen Verdacht, sie oder ihre Mannschaft könnten Mitwisser des Trios um Kanther gewesen sein, gab es von vornherein nicht. Deshalb tauchte sie – anders

Petra Roth mit dem ehemaligen israelischen Ministerpräsidenten Simon Peres

als Roland Koch, Ex-Ministerpräsident Walter Wallmann, der ehemalige Bundespostminister Christian Schwarz-Schilling, der einstige CDU-Schatzmeister Walter Leisler-Kiep sowie der hessische CDU-Fraktionsvorsitzende Franz Josef Jung – im Untreue-Prozess gegen Kanther und Co. Ende 2004 erst gar nicht auf der Zeugenliste auf.

Das schwarz-rote Zweckbündnis in Frankfurt war trotzdem nicht mehr zu retten. Am 24. Februar 2000 kündigten die Sozialdemokraten die Kooperation mit der Oberbürgermeisterin und ihrer CDU auf. Sie hielten Petra Roth mangelnden Mut beim Umgang mit dem Spendenskandal vor. Diese machte postwendend Gebrauch von ihrem Recht der Geschäftsverteilung und entzog den vier hauptamtlichen Stadträten der SPD wesentliche Kompetenzen, die sie auf Dezernate verteilte, die von ihrer eigenen Truppe verwaltet wurden.

Sonnenkönigin im Römer

Trotz der Spendenaffäre erlitt die Frankfurter CDU bei den hessischen Kommunalwahlen am 18. März 2001 keinen Einbruch. Im Gegenteil, mit 38,5 Prozent wurde Roths Union in Frankfurt wieder stärkste Kraft in der Stadtverordnetenversammlung und ließ die SPD mit 30,5 Prozent weit hinter sich. Und dann der Schock: Die inzwischen siegverwöhnte Stadt-Chefin fiel im ersten Wahlgang zur OB-Wahl durch. Entgegen allen Erwartungen erreichte die Favoritin mit 48,6 Prozent gegen SPD-Herausforderer Achim Vandreike nicht die absolute Mehrheit. Sie wurde erst im zweiten Wahlgang am 1. April 2001 mit 53 Prozent im Amt bestätigt.

Ein erster Denkzettel für die Power-Frau, der auch alte Freunde hinter vorgehaltener Hand nachsagen, sie habe sich im Amt nicht nur zu ihrem Vorteil verändert. Der „Kumpel Petra", mit dem alte Weggefährten Pferde stehlen konnten, gilt inzwischen selbst bei Freunden gelegentlich als abgehoben und beratungsresistent. Auch wenn ihr sogar vom politischen Gegner zugute gehalten wird, die Stadt hervorragend zu repräsentieren, mehren sich die kritischen Stimmen, die ihr Auftreten mit dem von Ex-Kanzler Kohl vergleichen – als „Sonnenkönigin" vom Römerberg. „Auch altgedienten Parteifreunden fährt sie in Sitzungen schon mal ungeduldig in die Parade", seufzt eine CDU-Stadträtin. Und weil etwa zur Pressekonferenz anlässlich einer Tagung europäischer Kommunalpolitiker in Frankfurt nicht die gesamte örtliche Journaille erschien, wurden die Säumigen barsch gerügt und mit der Drohung abgestraft, beim nächsten Mal nicht mehr eingeladen zu werden.

Wenn sie selbst dagegen bestellte Besucher eine Stunde oder mehr warten lässt, weil ihr etwas dazwischengekommen ist, dürfen diese nicht etwa in jedem Fall erwarten, dass sich die mächtigste Frau Frankfurts herablassen könnte, sich deshalb zu entschuldigen. Diese ihrer hanseatischen und preußischen Erziehung so gar nicht entsprechende Unart hat sie sich möglicherweise bei CSU-Freund Edmund Stoiber abgeschaut, für den eine halbe Stunde Verspätung selbstverständlich ist. Oft sogar eher mehr. So macht es dem Ober-Bayern zum Beispiel nichts aus, gleich ein paar Dutzend Journalisten der Bundespressekonferenz die Zeit zu stehlen. Aber Stoiber rühmt sich auch nicht, preußisch oder gar hanseatisch zu sein, obwohl seine Mutter Rheinländerin war.

Petra Roth zusammen mit Hilmar Hoffmann

Stunde der Kungler

Trotz des Erfolgs der CDU bei den Kommunalwahlen 2001 ergaben sich erneut keine klaren Mehrheitsverhältnisse im Frankfurter Stadtparlament. Im Juni kündigten die Grünen das bereits beschlossene schwarz-grüne Bündnis gleich wieder auf, weil bei der geheimen Wahl zum ehrenamtlichen Magistrat der Stadt ein Stadtrat der rechtsextremen „Republikaner" offenbar eine Stimme aus dem konservativ-liberalen Lager erhalten hatte. Erst fünf Monate später schlossen CDU, SPD, Grüne und FDP erneut ein „Römerbündnis", mit dem die Oberbürgermeisterin die Stadt seitdem regiert.

Fragt man Petra Roth, wie es ihr denn gelinge, ihre Politik bei einer solch komplizierten Konstellation wie dem Viererbündnis durchzusetzen, wird sie einsilbig. Man müsse eben für Mehrheiten im Magistrat werben. Das sei Politik.

Denn nach der hessischen Magistratsverfassung hat das Stadtoberhaupt keineswegs das Sagen. Die Dezernenten regieren die Stadt gewissermaßen als Kollektiv-Organ. Ein Umstand, der dazu führt, dass Petra Roth und ihre CDU für die Durchsetzung ihrer Ideen den anderen Parteien entgegenkommen muss. Kompensationsgeschäfte nennt man das in der Wirtschaft, der Volksmund sagt: Eine Hand wäscht die andere.

Doch solchen Regierungsstil weist die Oberbürgermeisterin weit von sich. Wenn man ihr Kungelrunden in Hinterzimmern unterstellen will, runzelt sie eindrucksvoll die Stirn. Das sei ihre Sache nicht. Sie will überzeugen. Klar, norddeutsch – auch ehrlich? Für ihre Person kann man das gern unterstellen.

Aber gekungelt wird in Frankfurt, sonst ginge bei dieser Konstellation gar nichts mehr voran. Die Chefin lässt offenbar kungeln. Der Name Horst Hemzal fällt dabei oft, wenn man mit Unions-Strategen spricht. Einer, der in der CDU-Hierarchie mal ganz oben stand, sich anfangs mit Kritik an der neuen Chefin keineswegs zurückhielt und dann zu ihrem größten Fan wurde.

Horst Hemzal, der Kämmerer, vertritt die christdemokratische Linie so, wie sie Petra Roth in den meisten Fällen vorgegeben hat. Ihre zweite große Stütze ist der Fraktions-Chef. Uwe Becker gilt als verlängerter Arm der Oberbürgermeisterin, der den CDU-Stadträten Rückendeckung gibt, wenn es bei der einen oder anderen Entscheidung schon mal eng wird. Denn längst nicht immer sind die Vorstellungen von CDU-Dezernenten und CDU-Stadtverordneten deckungsgleich. Eine Tatsache, welche den anderen drei „Regierungsparteien" im Römer, SPD, Grünen und FDP, bekannt ist.

Verständlich, dass fast alle strittigen Themen langwieriger Verhandlungen bedürfen, bevor sich die „Viererbande" auf den kleinsten gemeinsamen Nenner einigen kann. Denn Differenzen machen vor Parteigrenzen nicht halt, unterschiedliche Meinungen gibt's auch innerhalb der Fraktionen im Stadtparlament und gar nicht so selten zwischen Magistratsmitgliedern und Stadtverordneten derselben Partei.

Das ist dann die Stunde der Kungler, die natürlich niemand öffentlich so bezeichnen darf. Von deren persönlichen Beziehungen untereinander hängt es ab, ob es zum Interessenausgleich, sprich zu einem Ergebnis kommt. Bürgermeister Joachim Vandreike (SPD) ist einer davon, auch wenn er angeblich taktische Spielchen gar nicht liebt. Gemeinsam mit Horst Hemzal und dem ehemaligen FDP-Chef, Baudezernent Franz Zimmermann, gehört Vandreike zu den Römer-Politikern mit der höchsten Akzeptanz bei Freunden u n d Gegnern.

Diese drei sind am ehesten in der Lage, auch heftigste Kontroversen durch Versachlichung zu lösen. Ein Glücksfall für die Oberbürgermeisterin, die am Ende den Daumen heben oder senken kann. Je nachdem, ob der erreichte Kompromiss ihrer Intention entgegenkommt oder nicht.

Auch die unendliche Geschichte vom Streit um die Flughafen-Erweiterung beweist, wie schwierig es geworden ist, mit dem Vierparteien-Magistrat Beschlüsse durchzusetzen. Sieben Jahre dauern die Auseinandersetzungen nun schon darüber, wo die notwendige neue Landebahn, das zusätzliche Terminal 3 und die neue Wartungshalle für den Super-Airbus 380 gebaut werden können. Dabei funkten anfangs auch die Oberbürgermeisterin und Hessens Ministerpräsident keineswegs auf einer Welle. Petra Roth, die lange gemeinsam mit der Römer-SPD für den Bau einer Südbahn gestimmt hatte, um die Lärmbelästigung für die Frankfurter erträglich zu halten (dafür würde Zeppelinheim allerdings unbewohnbar), ist inzwischen auf Roland Kochs Kurs eingeschwenkt, die Nordwest-Variante über Kelsterbach durchsetzen zu wollen – und hat dafür die SPD im Rathaus gegen sich. Der Grund: Sie ist grundsätzlich für den Ausbau, und da die Südbahn nicht mehr möglich ist, entschied sie sich für die ungeliebte Nordwest-Variante.

Ministerpräsident Roland Koch wiederum wurde in seinem Bestreben, den Ausbau möglichst rasch in die Tat umzusetzen, vom hessischen Verwaltungsgerichtshof erst mal gestoppt. Die Richter werteten den Beschluss der Landesregierung als unzulässigen Übergriff auf die Rechte der betroffenen Kommunen. Zusätzlich müsste ein kleines Chemiewerk in Kelsterbach angeblich umgesiedelt werden, das allerdings jetzt schon bei ungünstigem Wind von den im Minutentakt startenden und landenden Jets überflogen wird.

Und je länger das Gezerre dauert, desto lauter werden die Stimmen, einen ganz neuen Airport auf den grünen Wiesen in der Wetterau zu bauen. München lässt grüßen. Unumstritten in allen Parteien ist immerhin, dass der mit 62 000 Jobs größte Arbeitgeber Hessens mehr Platz und mehr Kapazitäten braucht. Nicht mal bei den Grünen gibt es ernsthaften Widerstand. Sie haben in 25 Jahren Parteigeschichte gelernt, dass man auch schon mal die Heimatrechte eines gelb-grün gestreiften August-Käfers oder eines seltenen Stolpervogels einschränken muss, um erfolgreiche Politik für die Menschen zu machen.

Immerhin sind schon jetzt 300 000 Arbeitsplätze in der Region vom Flughafen abhängig, weitere 100 000 neue könnten nach Schätzungen der Flughafengesellschaft Fraport durch den Ausbau dazukommen.

Die Energie ist ungebrochen

Dass Petra Roth bei allen Problemen die Lust am „schönsten Job in Deutschland“ nicht verloren hat, ist kein Geheimnis. Dafür regiert und repräsentiert diese Frau einfach zu gern. Deshalb strebt sie ab 2007 eine dritte Amtsperiode an. Und die Chancen sind nicht so schlecht, dass sie 2012 oder 2013 die Eröffnungsrede auf einem neuen Super-Flughafen halten kann.

„Wenn ich weiter gesund bleibe“, schränkt sie ein, aber: „Ich habe noch so viel Energie in mir.“ Die wird sie auch für ein anderes Projekt brauchen, das sie sich fest vorgenommen hat. Dafür wären klare Mehrheiten im Römer hilfreich, um das Regieren der wildesten deutschen Stadt, die sich unter Petra Roths Führung anschickt, die vierte Millionenstadt in Deutschland zu werden, leichter zu machen.

Der Großraum Frankfurt, das ist keine neue Erkenntnis, steht national im direkten Wettstreit mit Hamburg, Berlin, Köln und München. Aus der Sicht der Flughafenbetreiber sogar international mit Paris, Amsterdam, Mailand und London. Das Problem: Die Struktur der Kernregion ist für eine gemeinsame Bewältigung so großer Aufgaben nicht geeignet. Was die Frankfurter Oberbürgermeisterin aufbrechen will, ist das Kirchturmdenken in den Rathäusern rund um die Metropole Frankfurt am Main. Dabei werben die Landkreise und Kommunen im Speckgürtel der Stadt durchaus schon mit den so genannten „weichen Standortfaktoren“ wie Alte Oper, Museumsufer, einer leistungsfähigen Universität, einem neuen WM-Stadion und dem Verkehrsverbund – ohne selbst einen Cent dafür ausgeben zu wollen.

Frankfurt, sagt die Oberbürgermeisterin, habe mit über 300 000 die meisten Pendler täglich, die hier gut verdienten, kostenlos die kulturellen Angebote genössen, aber im Umland billig wohnten und ihre Einkommensteuer an ihrem Wohnort entrichteten: „Viele der politisch Verantwortlichen in der Region wissen, dass letztlich mit einer Schwächung der Perspektiven der Kernstadt mittelfristig auch die des gesamten Ballungsraumes tangiert sind. Doch wenn es ans Handeln geht, wird gemauert und gekniffen – ob aus Opportunismus oder aus Resignation, weil Entscheidungen zur Veränderung der Struktur angeblich politisch nicht durchsetzbar sind."

Starker Tobak für die Landräte und Bürgermeister in den wohlhabenden Landkreisen rund um die Kernstadt Frankfurt. Und ein heißes Eisen, das die Chefin der Mainmetropole angepackt hat. In der Stadtverordnetenversammlung am 15. Juli 2004 hat Petra Roth unmissverständlich erläutert, wie sie es weiterschmieden will. Immerhin wird schon seit dem Ende des 19. Jahrhunderts immer wieder über eine engere Zusammenarbeit der Kreise und Kommunen um Frankfurt mit der Kernstadt debattiert. Aber anders als in Hamburg oder Berlin in den dreißiger Jahren des vergangenen Jahrhunderts ist man bislang über Lippenbekenntnisse nicht hinausgekommen. Furcht vor Machtverlust und Eifersüchteleien der Administrationen in der Umlandregion stehen bis heute jedem Versuch eines Zusammenschlusses entgegen.

Petra Roths Vision ist denn auch nicht etwa die Eingemeindung der Kreise Hochtaunus, Offenbach, Wetterau oder Main-Taunus, sondern die Schaffung eines Stadtkreises RheinMain mit dem Zentrum Frankfurt. Die Städte Bad Homburg, Königstein und Bad Vilbel im Norden, Maintal und Hanau im Osten, Offenbach und Neu-Isenburg im Süden sowie Rüsselsheim, Hochheim und Raunheim im Westen müssten zu diesem neuen Kreisgebiet gehören, ein direkt gewählter Landrat sollte den Kreis nach außen vertreten. Bisher kreisfreie Städte wie Offenbach und Frankfurt müssten ihre Verantwortung auf den neuen Kreistag übertragen.

Der Hessische Landtag müsste die Bildung eines solchen Stadtkreises beschließen, der mit einem durchschnittlichen Radius von 19 Kilometern und ungefähr 1,3 Millionen Einwohnern ungefähr die Größe Münchens erreichen würde. Aus den dann ehemaligen Rathäusern der Städte würden Außenstellen der Kreisverwaltung, in denen die Bürger auch weiterhin die meisten ihrer Angelegenheiten erledigen könnten. Petra Roth schwärmt: „Eine engere Zusammenarbeit könnte es ermöglichen, Behördengänge wahlweise am Wohnort oder in der Nähe der Arbeitsstelle zu erledigen. Schon jetzt entscheiden die Menschen ja nach Angebot, Zugänglichkeit und persönlichem Geschmack, welche Bibliothek oder Volkshochschule, welches Theater oder Schwimmbad sie aufsuchen. Das geht noch besser, wenn diese Institutionen zusammenarbeiten, sich gegenseitig unterstützen und austauschen. Durch Kosteneinsparungen können die Angebote für die Bürger erhalten oder sogar verbessert werden."

Das klingt alles so fabelhaft einfach und vernünftig. Doch Petra Roth weiß genau, dass sie mit ihren Plänen erst im Basis-Lager eines schier unüberwindlichen Gebirgsmassivs steht. Immerhin scheinen die Mandatsträger in Deutschlands Einkommensteuerstärksten Kreisen im Vordertaunus nicht bereit, ihre Selbstständigkeit einem Stadtkreis Frankfurt unterzuordnen, auch wenn sie natürlich genau wissen, dass sie ohne die Metropole im Zentrum genauso wenig oder genauso viel Bedeutung hätten, wie irgendein anderer x-beliebiger Landstrich in der Republik.

Der international renommierte Architekt und Städteplaner Jochem Jourdan ist da schon einige große Schritte weiter. Für ihr verkörpert die Region Frankfurt schon jetzt den neuen Typus einer Weltstadt mit mehreren Millionen Einwohnern. Der entscheidende Unterschied zu Metropolen wie Paris oder Berlin liege jedoch darin, dass man das Gebilde als „grüne Stadt", durchzogen von breiten Landschaftsbändern, betrachten müsse. Mit Frankfurt lediglich als Innenstadt einer neuen Stadt – einer Metropole mit polyzentrischer Struktur.

Die alte Freie Reichsstadt als neuer Mittelpunkt, der weit in die Region ausstrahlt, der die Menschen anzieht. Sie ist der Platz des Austausches von Gedanken, Kultur und Waren. Sie ist der Platz des Geistes und des Geldes. „Ohne Frankfurt ist die Region nicht lebensfähig", sagt Jourdan. „Aber

Frankfurt benötigt umgekehrt die Region in gleicher Weise. Die neue Stadt ist die Region.“

Der Weg, den die Oberbürgermeisterin mit ihrem ersten Vorstoß zur Bildung eines Stadtkreises mit 1,44 Millionen Einwohnern einschlagen will, kann also nur eine Etappe darstellen. Das Ziel muss am Ende die neue, von Jourdan bereits umrissene grüne Stadt sein: dreimal so groß – mit 4,5 Millionen Einwohnern und weit über zwei Millionen Arbeitsplätzen. Petra Roth, da können wir sicher sein, hat es fest im Blick.

Personenregister

Die *kursiv* wiedergegebenen Seitenzahlen verweisen auf eine Abbildung der betreffenden Personen

Bildnachweis

Hans Beckmann: 50, 54, 66, 72

Rita Behrens: 28, 29, 30, 31, 33, 34

Mick Grosse: 7

Hannelore Martin: 13, 20, 22, 23, 24, 25, 26, 46

Peter Müller: 108

Martin Weis: 82, 86

DPA: 128

Privat: 39, 62, 81, 84, 90, 104, 117, 124

Von den Fotografen konnten nicht alle namentlich bzw. mit ihrer Adresse ermittelt werden. Ihre Rechte bleiben selbstverständlich gewahrt. Etwaige Ansprüche können beim Verlag geltend gemacht werden.

Bereits im Socitäts-Verlag erschienen

Hilmar Hoffmann

Die großen Frankfurter

Ehrenwürdige Bürger und Ehrenbürger von Karl dem Großen bis Friedrich von Metzler

240 Seiten,
gebunden mit Schutzumschlag

ISBN 3-7973-0928-7
€ 19,90

Hilmar Hoffmann kennt die Stadt Frankfurt und ihre Geschichte wie kaum ein anderer. In ***Die großen Frankfurter*** hat er sich den herausragenden Bürgern gewidmet und stellt die Ehrenbürger, die ehrwürdigen Bürger und die Preisträger der Main-Metropole vor. Von Karl dem Großen bis Friedrich von Metzler reist er mit dem Leser durch die Jahrhunderte. So hat er in seinem neuen Buch rund 1000 Personen versammelt, die mit ihren individuellen Lebensleistungen Frankfurt bewegt und Stadtgeschichte geschrieben haben. Das Buch ist eine Hommage an die Menschen, denen Frankfurt seine ständige Entwicklung verdankt, und es ist zugleich ein Gedächtnis und ein Dankeschön.

»Hilmar Hoffmann, der frühere Frankfurter Kulturdezernent, hat ein Buch geschrieben, das man auch als Liebeserklärung an seine Stadt lesen kann.«
Frankfurter Allgemeine Zeitung

»Die erste Auflage des Buchs war in kürzester Zeit vergriffen. Kein Wunder, ist es doch eine Art Krönung des ‚Wer ist wer?‘ und ‚Wer war Wer?‘ der Mainmetropole.«
Frankfurter Neue Presse